PADRE FERNANDO TADEU

O PLANO DE DEUS

Aceite o chamado para a cura interior

Diretora
Rosely Boschini

Gerente Editorial
Marília Chaves

Editoras
Carla Bitelli e
Carolina Pereira da Rocha

Editora de Produção Editorial
Rosângela de Araujo Pinheiro Barbosa

Controle de Produção
Karina Groschitz

Preparação
Entrelinhas Editorial

Projeto Gráfico
Neide Siqueira

Diagramação
Join Bureau

Revisão
Geisa Mathias de Oliveira

Capa
Eduardo Camargo

Imagem de Capa
Danyelle Sakugawa

Impressão
Assahí Gráfica

Copyright © 2015 by Padre Fernando Tadeu.
Todos os direitos desta edição são
reservados à Editora Gente.
Rua Pedro Soares de Almeida, 114
São Paulo, SP – CEP 05029-030
Telefone: (11) 3670-2500
Site: http://www.editoragente.com.br
E-mail: gente@editoragente.com.br

Dados Internacionais de Catalogação na Publicação (CIP)
(Câmara Brasileira do Livro, SP, Brasil)

Tadeu, Fernando
   O plano de Deus : aceite o chamado para a cura interior / Padre
Fernando Tadeu. – São Paulo : Editora Gente, 2015.

   ISBN 978-85-452-0035-2

   1. Autoajuda – Aspectos religiosos 2. Cura pela fé 3. Fé 4. Palavra de Deus (Teologia) 5. Psicologia religiosa I. Título.

15-03323   CDD-234.131

Índices para catálogo sistemático:
1. Cura interior : Cristianismo   234.131

Dedicatória

Dedico esta obra a uma pessoa muito especial que faz parte da minha vida. Alguém que me oferece força, coragem, inspiração, incentivo e ajuda em todos os meus projetos, inclusive para concluir este trabalho. À minha "asa", que devotou tempo, carinho, trabalho e atenção para que tudo isto gerasse vida e amor, doando a própria vida e se transformando em uma rosa dourada no deserto da vida.

Oração de agradecimento

Asa de reserva

Senhor, quero agradecer-Lhe pelo dom da vida.

Certa vez, chegou até mim uma mensagem que afirmava que os homens são anjos com apenas uma asa e, por isso, só podem voar se abraçados. Acertou em cheio o meu coração.

Às vezes, nos momentos de confidência, ouso pensar que também o Senhor tem somente uma asa. A outra mantém escondida, talvez para me fazer entender que não quer voar sem mim. Por isso me deu a vida, para que eu fosse Seu companheiro de voo.

Ensina-me, então, a caminhar a Seu lado, saboreando a vida. Viver não é arrastar a vida, desprezá-la ou empurrá-la; viver é abandonar-se como um gavião nos braços do vento, apreciar a aventura da liberdade, estender a asa, a sua única asa, com a confiança de quem sabe ter encontrado um companheiro para o voo tão grande: Deus.

Amém.

Sumário

6   Prefácio
8   Apresentação
18   Introdução

21   **Parte 1: O Sofrimento**
22   Capítulo 1: O sofrimento
34   Capítulo 2: Por que você está sofrendo?
50   Capítulo 3: Você precisa ser curado

65   **Parte 2: Ouça a Resposta**
66   Capítulo 4: Onde está a resposta?
77   Capítulo 5: Reconciliação com Deus
93   Capítulo 6: O chamado de Deus

121   **Parte 3: Os Passos para a Cura**
122   Capítulo 7: Entender o tempo de Deus
135   Capítulo 8: Acreditar que Deus não o abandona
148   Capítulo 9: Perdão e oração
160   Capítulo 10: Conversão verdadeira
169   Capítulo 11: Viver a cura diária
178   Capítulo 12: Confiar nos planos de Deus

185   **Parte 4: Vida Nova**
186   Capítulo 13: O reino dos céus é para os pequenos
196   Capítulo 14: Deus o espera de braços abertos
209   Capítulo 15: Viva a ressurreição
222   Capítulo 16: Os planos de Deus

Prefácio

Um encontro divino

O que falar sobre o padre Fernando Tadeu? Sentia-me órfão de um guia espiritual e meu encontro com esse ser humano veio em resposta aos meus pedidos. Em uma visita que fez ao Hospital de Câncer de Barretos (onde estou na diretoria há 25 anos), nossa conexão foi imediata. Seu sorriso cativante, que transborda o dom da alegria, acalmou meu coração angustiado. Ele, ao sorrir, exalava Deus. Em três minutos de conversa, eu já estava lhe pedindo que fizesse um retiro espiritual comigo. Como confirmação divina, ele também, como eu, é filho de são Judas. Nascido de sete meses, saído do hospital para morrer em casa, a mãe o consagra a são Judas, por isso seu nome: Fernando Tadeu.

Sinto-me mais íntimo de Deus após tê-lo conhecido. Embora minha fé seja inabalável, Fernando Tadeu, de maneira simples e humilde, foi capaz de aproximar o Deus de Moisés, Davi e Abraão aos nossos dias. Este livro, da mesma maneira que me impactou, vai tocar a todos os leitores, tornando-nos mais íntimos de Deus.

Prefácio 7

O resultado desta obra será expandir o entendimento sobre as questões da vida que tanto nos flagela. Fernando responde, com amor e simplicidade, nossas dúvidas e incertezas. Quantas vezes nos sentimos no deserto e parece que Deus silencia e nos abandona? Ao final de *O plano de Deus*, a sensação é de que Ele fala ao íntimo de cada um de nós, dando a resposta de que cada coração necessita e que só Ele pode nos dar.

Gosto muito de como o padre Fernando escreve. Nunca encontrei alguém com tamanho dom para clarear nossos questionamentos. Por mais que você ame Deus, vai encontrar motivos para se aprofundar ainda mais na fé por entender a imensa misericórdia do amor d'Ele.

Henrique Duarte Prata
Diretor-geral do Hospital de
Câncer de Barretos/SP

Apresentação

Talento de amor

Quero compartilhar um pouco do que tem sido o meu deserto e como todos os acontecimentos tinham data e hora marcadas.

Em 9 de abril de 1962, perdi minha mãe, uma semana depois do parto das irmãs gêmeas. Eu tinha apenas 2 anos. Meu pai era delegado e não conseguiu ficar com as quatro filhas juntas. Então, fui morar com meus avós paternos em Ituverava, uma pequena cidade no interior paulista.

Pensando no que vale a pena cultivar no "deserto" e na vida, entre o berço e o túmulo, tive de fazer escolhas. Uma decisão crucial foi definir entre Arquitetura em Ribeirão Preto ou Psicologia em Uberaba. A opção foi freudiana, permitindo-me mergulhar em análises e reflexões.

Entre aspirações e apreensões, amores e temores, casei-me, e formei a família com que tanto sonhei. Tenho uma filha, dois filhos e dois netos. Graças a eles, não permito que meu coração endureça.

Apresentação   9

Meu primeiro contato com o padre Fernando foi por acaso. Encarei aquele momento quase como uma simples confissão, sem esperar mais do que todo conforto e compreensão que ele me ofereceu.

Um belo dia estava em Barretos, em casa, quando recebi ligação de Rio Preto. Era meu marido convidando-me para uma reunião com um padre da diocese de Santo Amaro.

Agradeci, mas expliquei que Laurinha, minha irmã, estava me visitando. Luiz Antônio, meu marido, então sugeriu que fosse a Rio Preto e a levasse também. Foi aí que realmente conheci o padre Fernando Tadeu Tavares. Já sentia uma enorme empatia por ele e comecei a observar toda a sua riqueza humana e todo o seu carisma.

A nossa experiência naquele final de tarde em Rio Preto me fez entender que a fé remove montanhas e faz brotar rosas no deserto.

Três pétalas estavam estampadas no rosto alegre e tranquilo do jovem sacerdote: humildade, simplicidade e caridade. Entre todas as dúvidas, inspirações, aspirações e incertezas, a confiança plena para tocar a alma de meu deserto diante daquele enviado de Deus.

Em abril de 2014, o padre Fernando aceitou o convite e veio ficar uns dias conosco em Barretos. Foram momentos de caminhar longe com passos lentos e avaliar o enigmático plano divino para a vida humana, entre o amoroso, o fiel, os dramas e as tramas do cotidiano na família, no trabalho e nos relacionamentos sociais.

Nesse convívio com o sacerdote, mergulhamos com intensidade na espiritualidade pessoal e na superação das feridas acumuladas pelos espinhos na jornada. Como os encantos de uma rosa, sua cor e seu perfume, enfeitando com graça enquanto espera sem saber por quanto tempo a chegada da primavera.

10 *O Plano de Deus*

Sinto que o padre Fernando Tadeu tem o dom precioso de ajudar as pessoas a encontrarem-se cada uma em seu deserto individual. É um dom oferecido por Deus, que capacita alguns para uma missão profética, numa visão religiosa, e fomenta a inteligência e a emoção para uma tarefa humanitária, num campo psicológico.

Creio que seu livro — assim como as pregações nas missas e os programas na Rede Vida de Televisão — vem inspirar homens e mulheres, jovens e idosos, cada um e todos com necessidades de "encontrar a flor" escondida na dor e no sofrimento, assim como zelar por seu encanto na alegria e na esperança, na confiança e na coragem. Uma palavra amiga e verdadeira quando já se achava que era impossível...

Uma obra para florir a noção da mutabilidade da sorte e a incerteza dos bens, mas que expressa o amor misericordioso de Deus, a bondade do Pai, o amor do Filho e a providência do Espírito Santo.

Sou uma testemunha do talento de amor do padre Fernando e você está convidado a ter, por meio das palavras neste livro, a mesma felicidade que floriu a minha vida e na de minha família.

Márcia Guaritá Sandoval Monteiro de Barros
Psicóloga

Todo deserto começa com um chamado

Todo deserto é também um chamado de amor. Do amor de Deus. Não há deserto sem Deus. Não há Deus sem amor. Não há amor sem que antes tenhamos de enfrentar a caminhada. Sem que tenhamos de experimentar o desamor, a dor, a ausência de Deus ou seu distanciamento.

Deus, ao nos chamar para o deserto, já tem nosso trajeto traçado nas areias. Nós não sabemos, não há mapas ou estradas desenhadas porque o caminho não nos pertence. Pertence a Ele. Ainda bem que não estamos sozinhos.

Podia ser pior. Podíamos passar por essa dor sozinhos, perdidos, sem um pastor a nos guiar e fazendo vários percursos até encontrarmos a estrada invisível que nos leva diretamente ao coração de Deus. Uma estrada que tem ao fim um portão, que se abre e descortina uma cena inesquecível diante de nossos olhos: o céu.

Lá habitam nosso Pai e nossa mãe. Aqueles que nos esperam de coração aberto para nos receber após essa longa caminhada, na qual aprenderemos que não somos infalíveis nem perfeitos, que podemos chorar e precisamos de Deus ao nosso lado. Enfim, vamos aprender a nos comportar como filhos de Deus caminhando pelo deserto. Humildes e depen-

12   O Plano de Deus

dentes. Amados e fracos. Fortes e capazes. Humanos e pecadores. Cristãos.

Cada pessoa inicia a sua história no momento da concepção. E desde então Deus já tem um plano para nós. Ama-nos e planeja uma missão que terá, claro, algumas mudanças ao longo do percurso.

E cada caminho é uma história. Quanta dor, quantas quedas, que vontade de voltar atrás nessa caminhada que parece não ter fim. "Não me deixe, Senhor, ou não vou conseguir", são pensamentos que unem todos os filhos do deserto. Quando estamos no abandono total queremos Deus, queremos Sua força. E assim formamos uma nação.

Eu, assim como você que procura um pastor que vá à frente levando suas ovelhas, também já estive no deserto. Experimentei o Sol escaldante na cabeça, o calor queimando as solas dos pés, o ar pesado entrando nos pulmões e não dando a volta. O peito apertado querendo gritar por socorro. Mas quem vai ouvir? Deus parece tão longe nesse momento. Uma figura quase emblemática que foi criada para nos pôr medo e castigar. No deserto, muitos se afastam d'Ele. Pois parece impossível amar quem nos colocou em uma prova tão dura.

Precisamos de uma mão. Alguém que nos ofereça apoio e diga: "Vamos lá, você vai conseguir. Eu estou aqui. Sou um enviado de Deus para guiá-lo nas trevas. Um anjo". Porque sempre aparece um anjo. De carne e osso, sangue correndo nas veias, e um coração de verdade que sangra na dor e se alegra nos momentos de felicidade.

Anjos de uma asa só, que nos carregam no voo, não nos deixam cair nas tempestades e nos levam para perto de Deus, mostrando sua presença nos momentos de maior desamparo. São anjos humanos, sempre prontos para se lançar conosco em uma viagem sobrevoando o nosso deserto, pois assim é possível encarar as dificuldades a uma distância segura da dor que elas provocam, analisando seus diferentes ângulos, interpretações, causas e consequências, e, ao aterrissar, voltamos com a solução, com a cura da dor por meio do amor sem limites de Deus.

O meu deserto me aproximou de um anjo colocado em minha frente por Deus. Alguém que por mais de um ano foi uma asa, que voa em direção ao ensinamento, que mostra que nem toda dor é o fim. Nem todo fim é desgraça (ausência de graça). Nem toda caminhada é sofrimento.

Os caminhos de Deus são um mistério que nunca compreenderemos. Não adianta perguntar. Nunca teremos todas as respostas. E o meu deserto foi a mais bela experiência que eu poderia ter. Experiência de profunda dor e profundo amor. E foi um presente de Deus.

O deserto, assim como tudo o que Deus não dá, é uma oportunidade de aprender. É preciso aproveitar! Amar incondicionalmente mesmo que esse amor seja carregado de dor na caminhada. O deserto é inevitável. Amar é uma escolha. A mesma feita por Jesus.

Deus deu a padre Fernando a missão de evangelizar, pregar e amar. Ele cruzou meu deserto para me ajudar a enxergar e aprender sobre Deus e Seus caminhos. Esse mesmo padre agora cruza o seu caminho para ajudá-lo a caminhar no seu deserto.

Padre Fernando Tadeu também enfrentou o próprio deserto. Afinal, o deserto chega para todos. Deus chama o homem, o sacerdote, para no mais profundo abandono enxergar seu verdadeiro chamado. Sua missão. Para enfrentar sua dor e vencê-la. Aprender que o amor de Deus por ele era maior do que sua dor.

Para um sacerdote, ser chamado ao deserto é um momento ímpar no qual Deus expõe ao lado santo as chagas, as

14 *O Plano de Deus*

fraquezas e as dores do homem. Na solidão das areias, aquele pastor acostumado a guiar suas ovelhas se vê sem a estrada conhecida, exposto ao calor escaldante e ao abandono e à solidão do deserto.

E, na minha dor, Deus me deu a graça de ver esse deserto ser vencido a cada dia. Acompanhar seus passos. Ver suas quedas e vê-lo levantar. Afinal, Deus conhece seus eleitos e não os abandona. Deus não se engana. Escolhe a dedo. E sabe até onde a nossa dor pode ir. Nem um dia a mais nem um dia a menos de deserto. Até que tudo começa a se transformar em vida.

Quem, no meio de sua máxima dor, pensa em expô-la para gerar vida? Para ajudar o outro que sofre no abandono, na ausência de esperança? Um anjo. Um anjo de carne e osso. Um escolhido, eleito.

E assim nasce em meio às areias sem vida do deserto, regada apenas pelo Sol que não nos dá trégua, alimentado apenas pela dor e pela solidão, uma rosa azul: símbolo do impossível.

Essa rosa, aparentemente tão frágil e quase sem fôlego para sobreviver em tão dura realidade, multiplica-se em vários corações. Transmite sua experiência de dor e renascimento àqueles que já não enxergavam mais a luz, que não acreditavam na misericórdia de Deus nem se sentiam dignos de ser amados pelo Pai.

No entanto, por que uma rosa azul? Porque ela significa "o alcance de um sonho impossível; possuí-la é a realização de um sonho". Ela representa amor e prosperidade para aqueles que a buscam; ela envolve os mistérios da vida. Esse significado belo e repleto de esperança vem da *linguagem das flores*, chamada floriografia, um meio de comunicação muito comum na era vitoriana que manda mensagens por meio das flores. O rei Carlos II levou esse costume da Pérsia para a Europa no século XVII, espalhando-o por toda a Europa.[1]

A mensagem deste livro é como uma rosa azul no deserto, ou seja, um sinal de esperança, amor e renascimento.

Você nunca se perguntou por que passa por um deserto tão duro e seco enquanto outras pessoas passam a vida em branco? Será que elas não têm problemas? Será que Deus as abençoou e se esqueceu dos filhos aflitos? Tantas perguntas e uma resposta: estamos aqui para ver a desesperança se transformar em graça. Para isso, precisamos ter fé, abrir nosso coração para essa prova do amor de Deus por nós. A nossa promessa.

Aquele que nunca carregou a cruz, nunca entrou em um deserto ou queimou o pé na areia quente, não o fez porque não tem problemas, dores ou angústias. É porque não os vive. Está cego. Contudo, o coração sabe a dor de cada um. E um dia essa dor, essa cruz, precisa ser enfrentada. Da mesma forma que Jesus enfrentou: mergulhando na dor e pedindo ao Pai que lhe desse forças. Porque d'Ele não vem a cruz; vem a salvação. A cruz vem da humanidade, não podemos evitar, nem Deus pode nos livrar dela. A salvação, porém, vem d'Ele.

Deus sabe de que precisamos, mas quer ouvir de nossa boca: "Pai, me ajuda! Preciso do Senhor! Venha ao meu auxílio"! Uma mãe sabe de que seu filho precisa, mas, quando ele lhe pede, ela age mais rápido, do jeito como pediu, para ver nos lábios do amado o sorriso de felicidade. Assim é Deus conosco.

Padre Fernando Tadeu pedia em lágrimas que Deus se revelasse a ele em seu deserto. Que Deus falasse, respondesse

---

[1] LATOUR, Charlote. *Il linguaggio dei fiori*. Tradução de Giusepina Garufi. Firenze: Olschk, 2008.

suas perguntas. Quem já não fez perguntas a Deus entre lágrimas? O deserto mostrou isso ao padre, ao homem e ao anjo. Pergunte que Eu lhe respondo! E respondia em forma de Salmos, Palavras, passagens bíblicas. Deus conosco. Deus com ele. Amando seu escolhido na dor, mas no mais profundo amor.

E aos poucos, padre Fernando Tadeu, aquele que nasceu prematuro, frágil, desenganado, foi vencendo seu deserto. Um padre sempre envolvido com o ministério da cura então se viu curado. Um homem com tantas perguntas e um lado humano tão presente. Alguém que ama plenamente a vida, as pessoas, os paroquianos que agora são sua nação, Deus e si mesmo. Ele que por muito tempo pediu ao Pai a presença a seu lado para que pudesse senti-Lo como um ser de carne e osso, agora vê Deus lhe dando uma missão de verdade, uma nação e uma vida nova.

Padre Fernando nasceu como uma rosa azul, que tem a promessa de cuidar de uma nação carente de sentir o amor de Deus. E ele a faz. As pessoas sentem o amor de Deus — seja devorando com olhos ávidos as palavras deste livro, ouvindo sua voz mansa na madrugada na TV, que leva para o lar dos ouvintes a palavra de misericórdia de Deus, seja em sua paróquia, de beleza tão pura em meio às carências, que busca a Deus como sua grande riqueza. Todos são escolhidos. Chamados a passar pelo deserto e encontrar a esperança.

A todos os filhos do deserto que sofrem a dor de uma busca e o medo de morrer nas areias sem encontrar a terra em que correm leite e mel, uma palavra: FÉ.

Ao padre Fernando Tadeu, um escolhido, uma palavra: AMOR.

Aos que não veem a luz: ESPERANÇA.

A Deus: MISERICÓRDIA.

Que estas palavras sejam pilares no caminho do deserto. E que a rosa azul gere um jardim de rosas de todas as cores. E que presenciem a vitória no amor de Deus.

A vitória do **saber amar**.

Prof. dra. Valeska Tavares da Silva
Roris Rodriguez do Carmo
Médica cardiopediatra, doutora em Cardiologia
pela Escola Paulista de Medicina (EPM)

Introdução

Um dos segredos para recomeçarmos nossa vida e superarmos as angústias, tristezas, depressões e recebermos a cura interior, a cura de nossas feridas, está em nos aproximarmos do Trono da Graça, em estarmos aos pés de Jesus. O livro de Hebreus nos diz: "Cheguemo-nos, com confiança, ao TRONO DA GRAÇA, para que possamos alcançar misericórdia e achar graça, a fim de sermos ajudados em tempo certo" (Hebreus, 4, 16).

Muitas pessoas pensam que o seu problema não tem solução e, no desespero, não conseguem encontrar saída para os vícios, para o pecado, para os sofrimentos; não conseguem encontrar respostas. Outras ainda colocam uma pedra em cima de cada dor que está no coração, pensando que assim ele nunca mais vai sangrar. No entanto, estas não são as soluções. Olhando os fatos, muitas vezes pensamos ser impossível encontrar uma saída, mas, quando nos aproximamos com confiança do trono da graça, que é o Sagrado Coração de Jesus, mergulhamos no refrigério do seu coração e ali encontramos a paz.

Com este livro, não tenha medo de se expor a Deus, não se esconda d'Ele. Ao contrário, exponha suas fragilidades,

Introdução **19**

lutas, dores, enfermidades, seus sentimentos de culpa, pecados, bloqueios, traumas, medos e situações que nunca teve a coragem de falar para ninguém, porque o Senhor quer libertá-lo verdadeiramente. Mesmo que não se sinta digno de falar com Deus, porque se sente pecador, não se esconda do Amor que Ele tem por você, e acredite nesse Amor! "Em verdade, ele tomou sobre si as nossas enfermidades e carregou os nossos sofrimentos" (Isaías 53, 4).

Ele carregou as nossas dores. Dessa forma, não é a nossa força, nossa graça, nossos jejuns, nossa oração, nosso rosário completo, nosso sacrifício que nos curam e libertam. Tudo isso pode nos levar para o inferno se o fizermos porque nos consideramos bons ou melhores que os outros, pois é a graça de Deus que nos cura e nos salva.

Recebemos a verdadeira cura quando estamos diante do Senhor, que é livre para agir quando quiser e do modo que quiser, não se condicionando a trocas conosco, apenas desejando nossa vontade, nosso sim, nossa confiança. Ele deseja encontrar-nos com as mãos vazias, para enchê-las com Seu amor.

Com este livro, desejo, de modo especial, entrar com você em suas angústias e tristezas, traumas e dores, na não aceitação de pessoas e situações, que se somatizam negativamente em seu corpo, provocando o sintoma conhecido no linguajar médico e comum como depressão e doenças, que podem ser curadas quando tratamos a raiz, que é a dor da alma.

Quero conduzi-lo, meu amigo leitor, a fazer um caminho de Cura Interior, que significa estar completamente integrado consigo mesmo, para poder amar mais e ser feliz!

Desse modo, é necessário, nesse caminho, olhar para a própria vida, sem medo do passado, e sem mascarar as situações vividas, mas com a invocação do Espírito Santo. É preciso voltar a cada momento de dor, de trauma, de sofrimento, e pedir que Jesus entre em cada situação experimentada, para que possa reconstruir seu coração ferido e chagado com o amor divino, transformando, assim, o passado doloroso em um presente curado.

A Cura Interior nada mais é que a potência de Deus que toca a nossa vida, e nos transforma de dentro para fora. Pois, para Deus, não há passado ou futuro, Deus está acima do tempo, Deus é o eterno presente. E, quando nós saímos com a oração deste tempo em que vivemos, o cronológico, e entramos no coração de Deus, no tempo d'Ele, no Kairós, podemos voltar a cada situação, mesmo que passada, mas de modo presente e vivo, e receber a cura total de nossas feridas. Uma vez curados interiormente, somos muitas vezes curados fisicamente.

O caminho da Cura Interior é o caminho da experiência com Jesus, que é o "Curador". Quando voltamos ao nosso passado em Deus e visualizamos a nossa dor, as situações que nos feriram, que nos machucaram e que ainda hoje nos deixam mal, quando voltamos em Deus a cada um desses momentos e os visualizamos, devemos pedir que Jesus entre e nos cure totalmente.

Jesus está vivo ainda hoje, e quer nos curar por meio de seu amor incomensurável e incondicional. Deus nos amou, e deu sua vida por nós. E continua entregando-a! É esse amor de Deus que deve ser o pano de fundo para reconstruirmos nossa vida n'Ele, para recomeçarmos.

Convido-o a ler este livro, olhando a sua vida não com culpa ou medo, mas com o olhar de amor de Deus. Ele acredita em você e deseja lhe dar uma nova vida, um novo coração e uma nova chance.

parte 1

O Sofrimento

O mundo está sofrendo.
As pessoas estão sofrendo,
e tanta dor impede que
enxerguemos a manifestação
de Deus em nossa vida.

Capítulo 1

O sofrimento

Nesta primeira parte do livro quero falar com você sobre o sofrimento. Sobre a dor que lhe faz pensar muitas vezes que Deus não está mais presente em sua vida. Entende o que estou falando? Quero fazer-lhe um convite para caminhar comigo pela sua vida, enfrentando tudo o que está impedindo seu avanço e crescimento para encontrar algo novo.

Eu sei que muitas vezes não enxergamos a presença de Deus em nossa vida. É como se não houvesse espaço para Ele escutar nossos clamores e tomar as providências em nosso auxílio. Você se sente completamente sozinho, vazio, sem esperança, e é como se ninguém fosse capaz de compreender pelo que você passa.

A verdade, porém, é que todas as pessoas passam por momentos de grandes sofrimentos ao longo da vida: dores físicas, interiores, perdas de pessoas queridas, distanciamento daqueles que amam, doenças, enfim, sofrimentos que geram sentimento de medo, de angústia profunda.

E mesmo sendo pessoas de Deus, que acreditam na Palavra, ainda assim não nos sentimos seguros. É uma verdadeira crise interior que faz até as pessoas que sempre estiveram

O sofrimento   23

ao nosso lado desaparecer, ou nós mesmos as fazemos sumir, fugindo delas em busca de um pouco de paz.

Se você já viveu isso ou está passando por um momento de questionamentos, eu quero ajudá-lo. Vou mostrar-lhe que Deus não o abandonou. Você, assim como eu e milhares e milhares de pessoas no mundo, está sofrendo aquilo que na vida espiritual chamamos de deserto: o tempo propício do encontro da alma com Deus, do esvaziar de si mesmo para o preenchimento do Espírito, o tempo do balanço da vida, da análise do que realmente é essencial para sua alma.

O deserto é o tempo da passagem da terra da escravidão dos apegos, pecados e medos para a terra prometida da liberdade, da vida nova, da alegria de viver em paz consigo mesmo e com Deus. O tempo do encontro da ovelha com o pastor.

Durante o deserto é preciso estar comprometido com o silêncio, pois é essa a característica desse lugar tão importante para que você consiga encontrar a verdadeira felicidade. Pois nesse tempo Deus o convida a fazer uma experiência profunda.

Ao longo deste livro, você percorrerá o seu deserto. Esta é a parte mais difícil: enfrentar o próprio sofrimento. Contudo, a recompensa é de valor imensurável. Trata-se de um caminho de preparação para que, assim como o apóstolo João, você também sinta uma presença tão forte de amor que proclamará o mesmo que ele: "O que era desde o princípio, o que temos ouvido, o que temos visto, o que nossos olhos têm contemplado, o que nossas mãos têm apalpado, o verbo da vida (porque a vida se manifestou, e nós a temos visto, damos testemunho, anunciamos a vida eterna que estava no Pai e que nos manifestou)" (I João 1, 1-2).

Nesse tempo de deserto, Deus pede que você se distancie de tudo o que o prende negativamente. Ou seja, é preciso

24 O Plano de Deus

colocar de lado os apegos que impedem a presença total de Deus em sua vida. Então, aproveite para iniciar uma conversa honesta com Ele. Há quanto tempo você não faz isso? Consegue se lembrar da última vez que realmente conversou com o Senhor? Sei que muitas vezes não sabemos o que ou como falar com Deus, mas o processo de cura exige que você se abra a esse diálogo.

Portanto, quero fazer uma proposta. Em diversos momentos, algumas perguntas lhe serão colocadas e espero que possa respondê-las com verdadeira sinceridade. Encare como um exercício de autoconhecimento, mas também uma maneira de falar para Deus o que está em seu coração. Ele sabe de tudo, sim! Contudo, fazer nosso pedido é muito importante também.

O sofrimento vem justamente para que revisitemos nossa vida e nosso coração. O Senhor o permite para que possa agir de fato em cada um. Colocando-o no centro para poder amar de verdade. E sentir o amor.

— Quais são os apegos que hoje o afastam de Deus?

_____

_____

_____

— Como você sente o coração no dia de hoje? O que mais o está atormentando?

_____

_____

_____

— Você se sente sozinho? Por quê?

_____

_____

_____

Sim, é difícil responder a essas perguntas. Uma sensação de medo nos amarra.

Quando começamos o caminho no deserto, falar que é preciso se esvaziar parece muito difícil e distante. Como se o sacrifício fosse grande demais: abrir mão de tudo. No entanto, você vai perceber que ao longo da caminhada a ação do Senhor vai se manifestando. E, se você quer se livrar dos males que mais atingem a humanidade, terá de fazer essa escolha.

Hoje, vejo, por exemplo, muitas almas que sofrem com a Síndrome do Pânico. Trata-se de um transtorno de ansiedade que se manifesta em grandes crises inesperadas de desespero e medo, fazendo com que a pessoa pense que algo ruim vai acontecer e gerando a sensação de um ataque do coração. A pessoa acometida por essas crises sente fortes dores no peito, sua frio, como se fosse morrer naquele momento, tem falta de ar e o coração dispara. Toda essa torrente de emoções traz muito sofrimento a quem luta com essa síndrome.

Muitas vezes, a Síndrome do Pânico é desencadeada depois de um grande sofrimento, como a morte de alguém muito querido, após mudanças bruscas na vida, que tiram a pessoa do chão, depois de abusos sexuais ou com a lembrança deles, e até pela experiência traumática de um acidente.

A resposta para lutar contra a síndrome é nos colocar diante de Jesus, que nos diz: "Não tenhas medo, Eu venci o mundo"! Portanto, nós também não devemos temer.

Além disso, temos a ansiedade, o mal do século, como muitos dizem. A ansiedade se torna uma doença psíquica quando é exagerada, gerando grande expectativa ou preocupação demasiada, causando irritabilidade, inquietação, perda de sono, tensões musculares, dificuldade de concentração e fadiga. A pessoa acometida pela ansiedade tem sintomas físicos: falta de ar, taquicardia, náuseas, aperto no peito e muitas dores.

26   *O Plano de Deus*

A resposta para lutarmos contra esse mal é confiar no Senhor, que tem escrito em Suas mãos nosso destino e sabe o que é melhor para nós. No entanto, nós nos sentimos sozinhos. A solidão, acredito eu, é a maior dor da alma, pois Deus nos criou para ser um com o outro, para encontrar e viver o amor com o outro.

Quando uma pessoa se sente só, não se sente amada e, por consequência, muitas vezes se sente rejeitada pelos outros. E ela tende a culpar a Deus por tal destino sombrio de desamor e abandono.

Embora a vida nos coloque em uma situação de solidão, embora as pessoas nos excluam de seu amor, Deus nunca nos exclui de seu convívio amoroso e nos diz: "Eu estou contigo"! Veja como isso é belo e profundo!

A humanidade está depressiva, ou seja, sofre da doença da alma. A dor, a ferida, a chaga aberta na alma que ainda está sangrando, que ainda não foi cicatrizada, é tocada pelas mãos ensanguentadas de Jesus e pelo dom do Espírito Santo, que refaz aquela história, aquela situação que ainda não aceitamos, não perdoamos ou não transformamos em aprendizado.

Muitas pessoas depressivas me dizem: "Padre Fernando, não tenho nem força para levantar da cama, não quero fazer nada, quero na verdade me entregar à tristeza e à angústia". Veja que triste realidade, mas nessa situação está também a chave da cura: a entrega.

Diante daquela dor, daquela tristeza, angústia, devo, sim, me entregar, porém, não me entregar à situação. A entrega deve ser diante de Deus, ou seja, prostrar-se diante Dele e colocar em Suas mãos minha situação atual e o que me faz sofrer.

Devo transformar a entrega negativa que sinto em uma entrega positiva, aproveitar o sentimento de entrega gerado pelo estado de prostração e colocar-me aos pés de Deus para que Ele aja, pois nós não temos o equilíbrio emocional suficiente para agir sozinhos e viver todas as dores sozinhos, sem o Senhor.

Irmão, se você age sozinho, toma decisões sozinho, sente-se o centro da própria vida, faço-lhe uma afirmação: você é um forte candidato a viver em estado depressivo!

Em Filipenses (4, 6), São Paulo diz: "Apresentai a Deus as vossas súplicas em oração e ação de graças", para explicar que você deve deixar Deus participar da sua vida, pois sem Ele nada pode fazer. E na I Carta de Pedro (5, 7), diz: "Lançai a Deus toda a vossa ansiedade, pois ele cuida de vós"!

Esse estado emocional de tristeza e derrota não pode fazer parte da sua vida, é preciso unir a sua vida a Deus e com Ele superar suas dores e seus sofrimentos. Da mesma maneira que a depressão ajuda a nos prostrarmos diante de Deus, ela também nos ajuda a nos refugiar diante d'Ele. Uma pessoa depressiva tem vontade de fugir dos problemas, de situações pendentes, mas a palavra de Deus nos ensina que não devemos fugir, pelo contrário, devemos, sim, nos refugiar nos braços do Senhor, para encontrar repouso, como tantos Salmos nos ensinam.

O salmista no Salmo 42 estava em depressão e diz: "As minhas lágrimas têm sido o meu alimento de dia e de noite, pois me perguntam o tempo todo: 'Onde está o seu Deus?'. Quando me lembro dessas coisas choro angustiado. Pois eu costumava ir com a multidão, conduzindo a procissão à casa de Deus, com cantos de alegria e de ação de graças entre a multidão que festeja". No entanto, em certo momento, o salmista acorda e diz: "Por que está abatida, ó minha alma. Espera em Deus, porque Ele é a salvação da minha vida"!

O salmista no Salmo 45 (2-4) diz: "Deus é nosso refúgio e nossa força, mostrou-se nosso amparo nas tribulações. Por

28 O Plano de Deus

isso a terra pode tremer, nada tememos; as próprias montanhas podem se afundar nos mares. Ainda que as águas tumultuem e estuem e venham abalar os montes, está conosco o Senhor dos exércitos, nosso protetor é o Deus de Jacó".

A tristeza faz questionarmos a Deus as razões de Ele nos castigar tanto. Por que Ele permite que tanta dor arranque de nós a beleza do milagre da vida? As coisas não são como você quer, como você planejou. É duro aceitar, mas Deus tem um propósito. Ele nos conduz para nos amadurecer espiritualmente. Eu também vivo o meu deserto, também enfrento dificuldades – e elas são inúmeras! Contudo, mesmo com a fraqueza e a imperfeição que fazem parte da condição humana, o Senhor vai, sim, nos levar à salvação se aceitarmos viver verdadeiramente o que Ele nos pede.

Quanto mais quiser controlar a própria vida, mais irá perdê-la, deixá-la escapar. É só por meio da obediência à Sua vontade, centrado na Sua palavra, com coração adorador, que Ele dará tudo aquilo que pedir – e de que realmente precisa. Falo isso porque nem sempre sabemos pedir. E o deserto é um tempo para a clareza da mente.

Não devemos vê-Lo como um Senhor que nos arranca de algo ou de alguém, que nos tira as seguranças de vida para nos dar o sofrimento. Tudo é para nos dar o livramento de uma perda maior, para nos dar a graça da salvação e para nos curar interiormente. E é isso o que você está buscando aqui, agora.

Assim como Jesus, que também esteve só durante o deserto e depois recebeu os anjos de Deus, essa será a sua história. E, para alcançar essa bênção, só há uma ferramenta: a oração. Por meio da oração você não apenas terá força para suportar o deserto como conhecerá um novo Deus, misericordioso, que requer um amor exclusivo, mas que também Se doa com exclusividade e fidelidade aos Seus filhos. E como queremos ser amados!

Às vezes confundimos, e chamamos de amor outros sentimentos: posse, egoísmo, interesse. Sentimentos que trazem ciúme e destruição para qualquer relacionamento. Você vai trocar tudo isso por um amor puro, construtor, libertador.

Não tenha medo de sofrer. Na vida tudo passa e também será assim com seu sofrimento. O tempo no deserto não é eterno. Trata-se de um tempo que o Senhor nos dá para nos modelar, para trabalhar nosso coração, cuidar de nós. É um tempo em que estamos sozinhos, ou melhor: a sós com Deus. E o objetivo é tornar nosso coração a morada definitiva do Senhor.

Em busca da restauração

A vida dá voltas e, de repente, tudo cai, desmorona, e no momento que pensávamos que estávamos saindo de uma situação difícil, percebemos que Deus nos coloca em outra situação árida, desértica. Caminhar no deserto é andar na incerteza da vida, porém, confiante no Senhor.

Para isso, você deve enfrentar um dos maiores obstáculos: o medo. Medo do que virá no dia de amanhã, das posições tomadas pelos outros, dos compromissos assumidos, de que o deserto não acabe nunca mais. Medo de não sermos perdoados dos nossos graves erros.

Entretanto, eu lhe asseguro: você está numa busca de restauração. Deus está falando para você: "Não tenha medo"!

A restauração só é possível quando resolvemos todos aqueles pontos abandonados por nós. Quando resolvemos os assuntos que não tivemos coragem de enfrentar.

— O que você precisa resolver para viver a restauração de Deus?

30 O Plano de Deus

Para essa sua confissão, a palavra que o Senhor lhe diz hoje é esta: "Não se preocupe com isso, entregue a mim".

Precisamos de restauração a todo momento, pois a vida nos fere, as pessoas nos machucam, e podemos dizer que estamos a todo momento sujeitos a feridas que, não curadas, podem causar uma doença enorme em nossa alma, quando não as enfrentamos sob a luz do olhar misericordioso de Deus. Deus deseja que curemos todas as nossas chagas, que sejamos restaurados por Seu amor, para que nosso passado não se torne um peso, para que possamos viver felizes no momento presente de nossa vida.

Deus quer, primeiro, nos restaurar, pois na Sua mão somos como barro, que quando disponíveis Ele coloca em Seu torno para nos modelar. Ora, o nosso barro está tão seco pela dureza da vida que se faz necessário às mãos de Deus, amolecê-lo com a água do Seu amor, para poder modelá-lo; ora está tão mole, que a mão de Deus deve colocar ainda mais pó, ainda mais situações, para endurecê-lo e prepará-lo para o cozimento.

A promessa da restauração é a felicidade, pois Deus deseja curar nosso coração para sermos pessoas felizes, integradas com nosso eu interior, prontas para amar o outro de forma desinteressada, pessoas abertas ao amor de Deus.

Deus nos cura, para amar-nos ainda mais, para sermos amor neste mundo sem amor, para darmos o amor, aquele amor capaz de mudar uma vida, desejado de ser sentido em cada coração. Deus quer que sejamos o Seu amor em cada pessoa que encontrarmos, para que façam a experiência do Seu Incomensurável Amor! E quando nos tornamos homens e mulheres curados, que sabem amar, esse amor, que é difusivo, também volta para nós, em dose dobrada de Deus e dos irmãos que o Pai colocou em nosso caminho.

O sofrimento 31

REFLEXÃO

SALMO 84, 1-12

Quão amáveis são os teus tabernáculos, SENHOR
dos Exércitos!

A minha alma está desejosa, e desfalece pelos átrios do Senhor;
o meu coração e a minha carne clamam pelo Deus vivo.

Até o pardal encontrou casa, e a andorinha ninho para si,
onde ponha seus filhos, até mesmo nos teus altares, Senhor
dos Exércitos, Rei meu e Deus meu.

Bem-aventurados os que habitam em tua casa; louvar-te-ão
continuamente. (Selá.)

Bem-aventurado o homem cuja força está em ti, em cujo
coração estão os caminhos aplanados.

Que, passando pelo vale de Baca, faz dele uma fonte; a chuva
também enche os tanques.

Vão indo de força em força; cada um deles em Sião aparece
perante Deus.

Senhor Deus dos Exércitos, escuta a minha oração; inclina os
ouvidos, ó Deus de Jacó! (Selá.)

Olha, ó Deus, escudo nosso, e contempla o rosto do teu ungido.

Porque vale mais um dia nos teus átrios do que mil.
Preferiria estar à porta da casa do meu Deus a habitar nas
tendas dos ímpios.

Porque o Senhor Deus é um sol e escudo; o Senhor dará graça
e glória; não retirará bem algum aos que andam na retidão.

Senhor dos Exércitos, bem-aventurado o homem que em ti
põe a sua confiança.

A palavra é muito consoladora. É uma palavra de união e misericórdia, na qual o Senhor pronuncia a paz. Pois, mesmo

32 O Plano de Deus

quando caminhamos no sofrimento, na dor, no deserto, o Senhor nos olha com amor.

Você se pergunta: qual é o caminho a seguir no deserto? É o caminho indicado por Ele! A receita é simples. Está na palavra de Deus, e Ele se comunica conosco todo o tempo. Por intermédio de uma pessoa na rua, um amigo que abre a boca para dizer uma palavra de consolo, alguém que Deus usa para enviar palavras de orientação, um programa religioso que nos acalma o coração com palavras de fé e orações, um livro... enfim, inúmeras são as formas de Deus se fazer chegar até nós. E Ele sempre chega!

Ele é o Todo-Poderoso, ele é Deus. Na missa, quando o padre nos fala a palavra de Deus, é o próprio Jesus se comunicando. E é a Sua palavra de paz que entra em nós e transforma o que era escuridão e dúvida em luz e verdade. É o milagre da fé.

O problema é que quando estamos na dor, no sofrimento, é como se nosso coração endurecesse e se fechasse para as palavras que o Senhor deseja nos dizer. No entanto, Ele não desiste!

E Ele fala no meu coração que você também não vai desistir. Então, meu irmão, com a mão direita sobre o coração doente, eleve-se a Deus com essa oração para que Ele cure, seja doença física, seja espiritual. Que o Senhor possa curar e restaurar o seu coração a fim de despertar-lhe para a vida nestes tempos difíceis:

Restaurai-me Senhor, meu Salvador. Colai aquilo que está quebrado dentro de mim, dai-me força e faze-me inteiro de novo. Coloque fim à indignação que tem contra mim. Sim, Senhor, eu pequei. Age com a Sua misericórdia porque sem ela não viverei.

Dá a vida onde há morte no meu coração, nos meus sentimentos.

O sofrimento 33

Restaurai-me ó Deus, meu Salvador!

Quero apresentar meu coração atribulado e dividido e pedir que a Sua palavra, que é uma palavra de paz, venha agora me acolher para que eu possa caminhar sem medo, sem apavoramento, sem desespero. Para que o sorriso, mesmo com as dores e os sofrimentos, seja estampado em meu rosto. Senhor, vem em meu auxílio com a Sua misericórdia.

Obrigado, Pai, porque a luz do Seu Espírito me faz compreender que Jesus é a luz, a verdade, o Bom Pastor, que veio para que tenhamos a vida em abundância.

Fixa os Seus olhos de Pai amoroso sobre a minha vida. Só o Senhor conhece as minhas feridas, dificuldades, meus limites, os sonhos, os traumas, as culpas, a insônia, a preocupação, que flagelam minha alma. Por isso eu peço agora, Senhor, cura-me pelas santas chagas de Jesus.

Faz germinar em mim os frutos da Sua presença, como uma rosa azul que nasce no meio de tantas dores e gera uma beleza imensa. Doa-me os frutos do Seu Espírito que são amor, paz e alegria. Que desça sobre mim o espírito das beatitudes para que eu possa saborear e procurar Deus todos os dias, vivendo sem complexos junto à minha família e a todos que quero bem.

Agradeço-Lhe, Pai, por aquilo que hoje está fazendo na minha vida. Agradeço com todo o coração porque me cura, livra, quebra as correntes e me doa liberdade. Obrigado, Senhor Jesus, porque sou templo do Seu Espírito e esse templo não é indestrutível porque é a casa de Deus. Agradeço ao Espírito Santo! Pai, peço a potência do Seu amor, que me ame apesar de toda fraqueza, pois sem Seu amor não vivo, e se vivo é por ele.

Amém.

Capítulo 2

Por que você está sofrendo?

Ao longo da vida, invariavelmente, enfrentaremos diversos momentos de tribulação. E, em algum ou em muitos deles, desejaremos desistir. Passaremos a acreditar que o fardo é pesado demais e simplesmente não vale a pena. É como se a dor, o sofrimento e o desespero tomassem conta de nosso corpo e de nossa alma. E é nesse momento que cada marca, cada registro do passado e o próprio medo do que vem a seguir nos travam por completo, afogando-nos em meio aos sentimentos de angústia, solidão, depressão e tristeza.

Quando nos afastamos de Deus, a vida é tão exaustiva, repleta de tarefas, compromissos e demandas que nos sugam, e nos dão a sensação de que não temos tempo. Não temos tempo para nós mesmos nem para nossa família, e muito menos para Deus.

A constante preocupação com o mundo material, o dinheiro, o sucesso profissional nos deixa afogados e presos numa luta eterna contra a corrente. Não sabemos onde buscar forças. Esquecemo-nos de que Cristo pode ser auxiliador no caminho da superação, mas estamos com a fé adormecida e o coração fechado para Seu amor.

No fim, quando sobra algum tempo e lembramo-nos Dele, nós o culpamos e questionamos. Por que Ele não faz nada para que a vida se acerte? Contudo, a culpa é realmente de Deus ou somos nós que o esquecemos?

Então, meu querido irmão, eu quero lhe dizer:

Às vezes o sofrimento é um modo de Deus o chamar.

Os questionamentos que nos afligem

É preciso ter discernimento para compreender por que Deus permite que soframos tantas opressões. Sim, Deus permite. E, embora seja muito doloroso admitir, há uma razão maior para tudo o que enfrentamos.

Deus permite a opressão para nos purificar, dar-nos vida nova e aproximarmo-nos d'Ele. Para nos ensinar, transformar nosso sofrimento em perfume de rosa. Transformar nosso espírito em um milagre tão grandioso quanto o nascer da rosa azul.

E para compreendermos melhor a razão dessa atitude de Deus, vamos falar sobre um personagem bíblico que também enfrentou grande opressão: Gideão.

Lá no Antigo Testamento, se olharmos para o povo de Israel após a morte de Josué, perceberemos que Israel passou aproximadamente trezentos anos sem um rei que o governasse. Nesse tempo, um ciclo se manifestava: o povo obedecia a Deus, na fidelidade, e a partir de determinado momento, numa segunda etapa, afastava-se d'Ele, adorando a ídolos e distanciando o coração do Senhor Altíssimo, e assim caindo no pecado.

Seus sacrifícios não eram mais aceitos por Deus, e iniciava-se a terceira etapa. Nesse momento, Deus permitia que outros povos oprimissem o povo israelense, para que acordassem e se voltassem para o Senhor.

36 O Plano de Deus

Na quarta etapa, o povo se arrepende da idolatria, pede perdão e espera que Deus o liberte da opressão. Deus, na quinta etapa, envia juízes para libertar o povo, e então surge a sexta etapa. O povo libertado da opressão de Deus volta a servir ao Senhor em fidelidade.

O mesmo aconteceu com Gideão. Os hebreus estavam sendo oprimidos pelos madianitas, que entravam nas terras de Israel montados em camelos (os tanques fortes daquela época) e roubavam tudo: o trigo, a semeadura, as provisões, o gado, a colheita, os bois, as ovelhas... Deixavam Israel sem nada.

Foram sete anos sobre o jugo da opressão. Um período em que Israel esteve com o coração afastado do Senhor, adorando ao deus Baal, o senhor guerreiro, como se fosse um deus verdadeiro. E a opressão não atingia apenas aqueles que idolatravam Baal, mas também quem era fiel a Deus. Afinal, quando vivemos muito próximos do pecado, também somos atingidos por ele.

Deus, vendo o justo pagar pelo pecador e ainda assim clamando junto com o pecador arrependido a misericórdia e a libertação da opressão, olha para aquele povo e escolhe um homem corajoso, valente, chamado Gideão. Um homem fiel ao Senhor para libertá-los dos madianitas.

No entanto, Gideão se sentia incapaz e fraco, e Deus aparece para ele e o encoraja, dando-lhe autoridade, poder, coragem e honra.

Gideão questiona a presença de Deus. O povo foi libertado do Egito, porém, estava abandonado novamente. E quando o Senhor revela a missão de Gideão, ele se sente o menor de todos para cumpri-la.

O Pai sabe o tamanho de nossa força. E foi assim com Gideão. O Senhor reconheceu a força que aquele homem humilde possuía e fez uma promessa a ele (*veja* Juízes, 6).

Por que você está sofrendo?   **37**

Gideão, então, disse sim. Ele fez tudo o que Deus lhe pediu. Confiou. Aceitou por completo a missão. Contudo, foi ousado e fez a pergunta que todos os dias também fazemos a Deus: "Se o Senhor está conosco, por que nos vieram todos estes males"?

O Senhor não dá uma resposta concreta para Gideão, que continua questionando: "Onde estão os prodígios que nossos pais nos contaram?" "O Senhor não é o Deus que nos tirou da escravidão?" "Onde está o Seu poder? A Sua força? A Sua ação agora na minha vida"?

Deus parecia calado, silencioso, como se não agisse. Gideão havia se esquecido de que Deus estava fazendo um pacto de aliança naquele momento. A promessa de que não o abandonaria.

– E você? Sente que Deus o abandona? O que gostaria que Deus respondesse a você neste momento?

_____

_____

_____

_____

Se considera impossível vencer a batalha que está enfrentando, vou lhe dizer uma coisa. Aos olhos humanos era impossível que Gideão vencesse aquela guerra. O livro Juízes (7) mostra que Deus enviou Gideão com apenas trezentos homens para enfrentar um exército de 135 mil madianitas. Por quê? Para mostrar que não era Gideão e seus soldados quem ganhariam a guerra, era Deus. Não era a mão de Gideão que estava livrando o seu povo da opressão, mas a própria mão de Deus.

A melhor estratégia para vencer a opressão é a estratégia de Deus. Ou seja, escutar com obediência a voz do Senhor, que diz o que devemos fazer. Gideão escutou cada

38 O Plano de Deus

ordem que o Senhor lhe deu, cada passo. Gideão ouviu a Palavra, permaneceu fiel à obediência ao Senhor, e, principalmente, não teve medo de abrir mão de sua vontade para fazer a vontade de Deus.

A missão nunca é fácil

Acho interessante como Deus tem uma missão para cada um de nós, assim como teve para Gideão. Deus confia grandes feitos a nós, nos dá missões grandes, ousadas, loucas aos olhos do mundo, e até impossíveis. No entanto, quando pela fé abraçamos a missão de Deus como nossa, essa missão se torna dívida, ganha vida, e aquela missão que estava no coração de Deus para nós, quando nos criou, torna-se vida em nossa vida, assume a nossa carne e se realiza em nós de tal modo que o divino se torna humano conosco.

A missão que Deus nos dá muitas vezes é maior que nós mesmos e as nossas forças, mas, quando a abraçamos em Deus, é Ele quem a realizará, e nos dará a sua vitória, o cumprimento da sua promessa.

Deus tem uma missão para cada um de nós, pois a nossa vida neste mundo tem um propósito, tem uma finalidade, e Ele quer que sejamos a Sua presença neste mundo, que sejamos AMOR. O Supremo quer que a nossa vida faça a diferença no mundo, e, quando tomamos consciência dessa verdade, tudo ao nosso redor muda — e Deus, que é bom e grande, não se deixa vencer em generosidade, oferece muito mais do que estamos oferecendo a Ele por meio da disponibilidade em fazer a Sua vontade.

Descobrir e fazer a vontade de Deus para cumprir a sua missão é algo que requer humildade de coração, desejo profundo de descobrir aquilo que Ele quer, e não se fechar a padrões humanos e vontades pessoais. É preciso estar dispo-

Por que você está sofrendo?   39

nível às mudanças e à criatividade dessa Força Superior, que torna novas todas as coisas, a todos os momentos, e não deseja que sejamos pessoas engessadas nas obras que começamos e menos ainda no espírito. Ele é o Deus da criatividade e da renovação, e quem não muda sempre não se deixa plasmar pelo espírito.

Quando estamos na vontade de Deus e deixamos que ela nos guie, Sua promessa se cumpre em nós. Na verdade, o Senhor tem uma promessa específica para cada um de nós, a promessa pela qual Ele fará feliz o nosso coração. Deixe Deus falar a promessa d'Ele para sua vida, abra-se para escutar o que Ele deseja lhe dizer e abandone-se; com certeza, Ele quer vê-lo feliz!

Quanto mais próximo está do ápice da sua missão, mais duvida de si mesmo. Quando estamos na fase do sofrimento, em busca da transformação divina, ou seja, quando estamos no meio do deserto, não temos nada. E a chave para transpor esse desafio é o próprio acolhimento ao sofrimento.

Quero contrapor a história de Gideão, que questionou a própria força e a presença de Deus, a uma passagem muito forte da vida de Jesus. A oração que o próprio Filho de Deus fez no Horto das Oliveiras.

Enquanto o deserto é o local da total esterilidade, do vazio, o horto é cheio de vida. Entretanto, o vazio ainda se manifesta. Dessa vez não do lado de fora, mas dentro daquele que ora.

Jesus sente no horto o vazio no seu coração. Sente sua humanidade gritando diante do sofrimento, da certeza da morte. Ele sentiu insegurança, fez um balanço da Sua vida a ponto de suar sangue. Jesus no horto disse: "É chegada também a minha hora". E nos adverte: "A carne é fraca, embora o espírito esteja pronto". Ou seja, é preciso vigiar para não cair quando chega o medo.

40   *O Plano de Deus*

Um esclarecimento muito importante: não é porque você diz sim e deposita sua certeza no Senhor que isso o livra do medo. Está na nossa condição humana a ansiedade misturada ao medo de enfrentar o que nos é reservado.

Até Jesus sentiu medo. Então, imaginemos: "Quem somos nós para não nos questionarmos?"

Considero até hipocrisia algumas instituições, sejam elas civis ou religiosas, quererem formar homens e mulheres indestrutíveis, impossibilitando-lhes de ser e expressar aquilo que são, a tal ponto de reprimi-los quando dizem a verdade.

O mundo contenta-se em formar homens e mulheres de mentira, que vivem numa ideia de formação robótica impossível, uma utopia. Não somos computadores. Temos sentimentos, precisamos ser acolhidos, amados, escutados, e não pisados e julgados quando nos abrimos para dizer a verdade. Para reconhecer a nossa fraqueza.

O que Deus nos pede é diferente: Ele quer que reconheçamos nossa fraqueza e pequenez, aceitemos nossas limitações e, ainda assim, graças a um amor divino, sigamos mesmo com medo, depositando nossa vida nas mãos Daquele que nos enviou.

Quero fazer uma reflexão com você:

— Quais são os altos e baixos que tem enfrentado?

_____

_____

_____

— Quais são os momentos em que percebe a sua fraqueza?

_____

_____

_____

Por que você está sofrendo? **41**

— O que você precisa trabalhar dentro de si para se sentir mais forte? Paciência, determinação, coragem?

_____

_____

_____

— Você reconhece o sofrimento daqueles que estão à sua volta?

_____

_____

_____

Leia Mateus (26, 38-43) para refletir sobre a passagem de Jesus no Horto das Oliveiras. As tribulações que enfrentamos são necessárias para nossa salvação. É preciso confiar na misericórdia de Deus.

Quero alertá-lo para que — mesmo que em seu último momento de dor, em sua partida, mesmo que sua alma veja o demônio tentando sacudi-la, dizendo que a levará para junto dele porque não há mais salvação para você, mesmo que o demônio tente convencê-lo de que pecou muito e não pode ser perdoado por Deus, mesmo que não esteja arrependido de seu pecado —, em seu último instante, sem nada a fazer, se você clamar ao Senhor, pedindo que o Seu sangue o lave e o proteja de Satanás, se clamar pela Sua misericórdia, Ele, que o ama e quer salvá-lo, mesmo que se sinta caindo no abismo do inferno, irá lhe estender Sua mão poderosa e descerá para salvá-lo.

A noite no horto foi a mais dura e difícil do homem Jesus. Naquela noite, Ele viveu todas as nossas trevas, todos os nossos sofrimentos. Jesus se sentiu, sim, abandonado pelo Pai, mas, na verdade, é Ele que se abandona ao Pai no

42   O Plano de Deus

momento extremo a que se sentia entregue. Jesus nos ensina a nos abandonarmos totalmente nas mãos do Pai.

Essas noites parecem intermináveis, como se a luz do dia nunca fosse surgir. Criamos uma distância dentro de nós. E, enquanto não deciframos dia a dia os mistérios dos desejos de Deus para nossa vida, tudo continuará escuro.

Em meio ao sofrimento, à dor — seja física, seja espiritual —, a tristeza do abandono dói muito. Mesmo quando sabemos ser amados por Deus, é quase impossível não sentir que estamos largados no mundo durante uma crise profunda.

No entanto, acredito que sentir-se totalmente só talvez seja necessário para crescer e ser capaz de tomar decisões, e, depois da superação, voltar a face ao Pai com o mesmo amor de antes e entregando a Ele sua vida.

Jesus enfrenta o seu destino. Mesmo que os seus discípulos tenham dormido e não tenham sido fortes como Ele para permanecer em vigília e oração, Jesus permaneceu porque o Espírito estava pronto.

Irmão, a vontade do Pai na verdade não era a morte de Jesus na cruz. O Pai não mandou Jesus para morrer na cruz. Ele mandou Jesus para anunciar a Sua palavra, que era o amor. Entretanto, a maldade dos homens que não aceitaram a palavra de amor de Jesus levaram-nO para a cruz, crucificaram-nO. Então, é o Pai quem Jesus sustenta em Seu momento extremo de dor e sofrimento para que tenha força e consiga carregar a Sua cruz.

Aqui, vemos a hora definitiva da Salvação, que é a passagem da vontade de Jesus para a vontade do Pai. Trata-se do ato de maior solidariedade diante do sofrimento humano. E como seria bom se todos nós, inclusive os homens da Igreja, aprendessem com Jesus a ter compaixão pelos que sofrem.

Para muitos, morrer parece um alívio. Quantos não querem até o suicídio, dar fim à própria vida. O exemplo de Jesus é outro, é o de encontrar vida mesmo diante da morte. Ou seja, de entregar a vida nas mãos do Pai e não tirar a própria vida no desespero da dor. Podemos pedir que o Pai afaste de nós o cálice. Temos esse direito. Contudo, entregar não significa aceitar que se manifeste a vontade Dele?

Jesus nos ensina que podemos vencer a nossa vontade, o nosso medo, a nossa angústia, tornando-nos filhos, reconhecendo que existe um Pai conosco, que nos ama.

Há em nós um pecado de essência que faz com que achemos que Deus quer o nosso sofrimento. No entanto, Deus não quer. São os homens que colocam sobre nós sofrimentos, cargas pesadas, muitas vezes a própria vida.

Jesus, que estava no sofrimento absoluto, se abandona. É nesse momento que Ele conhece o amor do Pai. O caminho para nós também conhecermos. O abandono. O caminho do amor do Pai. Nós podemos pedir: "Senhor, afasta de mim este cálice!", porém, é muito melhor que o Senhor nos dê forças para bebermos desse cálice até o fim e ganharmos dele a vida.

Levantemo-nos para caminhar para uma vida nova, agora, na luz de Jesus. Agora, nos entreguemos nas mãos do Senhor. Se for necessário, bebamos o nosso cálice, mas bebamos prostrados diante do Pai.

As aflições

No livro de Samuel, você vai encontrar a história de uma mulher chamada Ana, que vivia em aflição porque não podia ter filhos. Ela era estéril. Eucana, que também era mulher de seu marido, maltratava-a diariamente.

Ana clamava a Deus. E um dia a graça se manifestou. Deus se compadeceu de seus pedidos e da promessa que Ana lhe fez: se gerasse um filho, ela o consagraria ao Senhor

44   O Plano de Deus

todos os dias. Ana concebeu e deu à luz um filho, Samuel, porque dizia: "Eu pedi e o Senhor me deu".

É um texto muito belo, irmão. Leia-o na íntegra porque revela a transformação experimentada por Ana. Uma mulher cujo nome significa graça e favor de Deus, ou seja, agraciada e favorecida por Deus. O próprio nome se torna a identidade de Ana.

A Palavra diz que Ana derramou sua alma na presença do Senhor. Ela colocou para fora toda a dor e a amargura da alma que a corroíam por dentro. E seu pedido não é algo supérfluo, assim como Deus não é genérico. Quando Ele escutou a oração de Ana — porque ela se colocou como um instrumento para que se realizasse o plano de Deus no mundo e também na vida daquele menino que viria por meio dela —, naquela oração ela se colocou como uma serva do Senhor.

É lógico que Deus escuta todos os seus filhos. Deus ouve e escuta no sentido pleno, atendendo aqueles que são seus servos e se esforçam em fazer a Sua vontade. A Palavra ensina que ao ímpio Deus não ouve, ao pecador Deus não ouve, mas ele ouve os seus servos, aqueles que estão de prontidão para fazer a Sua vontade, como fez Ana, que por amor a Deus se tornou também reflexo da vontade Dele e de Seu amor. Acredito que, se Deus pudesse dar um nome novo a Ana, seria Ana Amar.

Quando Ana promete entregar-Lhe seu filho caso Deus lhe conceda o milagre, aprendemos algo muito importante: o que Deus nos dá não é nosso. Ana pede um filho e coloca-o amarrado ao grande projeto de Deus. Ela dá a Deus a possibilidade de Ele criar a história da salvação na sua vida e na vida daqueles que virão. Assim, Ana consagra ao Senhor o seu sonho. E você? Está consagrando seus sonhos a Deus? Tem algo em seu coração que pede para ser proclamado?

Assim como Ana, devemos confiar nossos projetos a Deus, independentemente de qualquer julgamento. O mundo não compreende a nós, os que creem. E assim como Ana foi confrontada por Elias, você também será ao longo de sua jornada. Para ser firme e superar os questionamentos que os outros nos impõem, precisamos ligar nosso coração ao Senhor por meio de uma oração sincera. Que a nossa oração possa ser como a de Ana, prostrados no templo, derramando a nossa alma diante do Senhor, para que Ele possa escutá-la e nos fazer também graça.

Ana é a nossa representação diária quando nos sentimos injustiçados e olhamos para o lado, dizendo: Por que eu, Senhor? Por que não comigo? Não é justo uns com tanto e outros com tão pouco... Eu que sou tão bom estou doente; ou: eu que sou tão honesto não consigo pagar minhas contas, não consigo engravidar, não consigo emprego...

Então, vamos fazer como Ana: persistir no amor de Deus. Perseverar no amor de Deus, pedir que nossos sonhos, nossos objetivos e nossas necessidades sejam ouvidos e acolhidos pelo Senhor. A graça pode não ser imediata, mas veja quantos anos de sofrimento Ana enfrentou antes de ser atendida! A graça vem no momento certo, quando Deus nos julga preparados para recebê-la. E quando você a receber, faça como Ana: receba a graça com agradecimento e reconheça a grandeza do Senhor.

46 O Plano de Deus

REFLEXÃO

Quero fechar este capítulo explicando que muitas vezes a opressão vem também de Satanás, que é o tentador, e, como ele é um inimigo sujo, propõe-nos sempre coisas que nos atraem, como se fossem algo bom, para nos desviar do caminho, coisas que normalmente não faríamos. E quando caímos, sentimo-nos tristes, angustiados, mal. E, em geral, nos perguntamos: "Por que fiz isso"? E a resposta é: "Isso foi feito por causa da tentação".

Deus permite que eu seja tentado? Sim, porque Deus permitiu também que os nossos pais fossem tentados, e que Jesus fosse tentado.

A Sagrada Escritura nos ensina que Deus não vai permitir que sejamos tentados além de nossas forças e que o Senhor vai nos dar toda a ajuda de que necessitarmos para resistir a qualquer tentação: "Não vos sobreveio tentação alguma que ultrapassasse as forças humanas. Deus é fiel: não permitirá que sejais tentados além das vossas forças, mas com a tentação ele vos dará os meios de suportá-la e sairdes dela" (I Coríntios 10, 13).

É por isso que, em nossa oração dirigida a Jesus, dizemos: "Senhor, não permita que sejamos tentados acima de nossas forças". Assim, no momento da dor, da opressão, da angústia, devemos clamar, pedindo forças ao Senhor, e dizer: "Senhor, ajude-me para não sucumbir às tentações, sejam elas quais forem". E: "Senhor, proteja-me de todos os males e doa-me, Senhor, forças para resistir à tentação".

A opressão é também uma influência que Satanás exerce sobre alguém, em alguma área de sua vida, ou de seu ser, para lhe fazer mal. E, muitas vezes, a opressão é tão forte, que impede que a pessoa em sofrimento use o livre-arbítrio e a inteligência. Essa opressão pode ser psicológica, quando

Por que você está sofrendo? 47

atua diretamente na mente, na psique, nos pensamentos, na memória, na imaginação; ou física, quando chega a ponto de a ação do inimigo infligir o próprio corpo, chegando a nos ferir. Outras vezes, Satanás usa as pessoas para serem instrumentos de opressão em nossa vida, mas, quando Deus permite tudo isso, tenha certeza de que é para concluir uma obra maior de salvação e ação do Seu poder libertador em nós.

Durante a opressão, vários questionamentos passam pela nossa cabeça. Questionamos o amor de Deus por nós, se Ele realmente nos olha e vê nossas dificuldades, se Ele tem mesmo todo o poder que lhe é imputado, se quer nos ajudar ou se sua função se baseia em nos analisar de longe, observando como nos comportamos nos momentos mais críticos de total desamparo e falta de esperança... e até mesmo se Ele realmente existe.

A fé é o elixir que dá forças para enfrentar todas as dúvidas e manter-se em missão, fiel à espera pela ação divina do Pai, que nos acompanha em cada passo seja qual for a luta: uma dor, uma doença, um grande amor ou tudo isso em uma vida só.

Aprendemos com Gideão que o questionamento de Deus é crescimento e Ele entende como um ato de coragem, mas responde com um desafio; e devemos estar prontos para enfrentá-lo. O final da promessa de Deus é uma graça, e a resposta às nossas perguntas é uma só. Deus está aqui neste momento e, se as coisas não estão dando certo, faz parte de nosso ciclo de aprendizado e fortalecimento. Clame por sua ação e demonstre sua coragem para mudar. Caso contrário, ficará com os pés enterrados na areia perguntando ao vento: Por que eu?

A paciência é a resposta. Assim como Ana, que entregou o coração e assumiu um grande compromisso com o Senhor, entregue seu coração nesta oração:

Nas preocupações, tensões ou medos exagerados, DEUS ME ACALME.

Nas dificuldades de relaxar, DEUS ME TRANQUILIZE.

Nas sensações de ameaças contínuas de que algo ruim vai acontecer, DEUS ME ORIENTE E ME ENSINE A CONFIAR.

Nas preocupações exageradas com saúde, dinheiro, família ou trabalho, DEUS ME ESCLAREÇA.

Nos medos imaginários extremos e em situações particulares, DEUS ME MOSTRE A REALIDADE.

Nos medos exagerados de ser humilhado publicamente, DEUS ME DÊ SEGURANÇA.

Nas situações traumáticas que se repetem, DEUS ME FORTALEÇA PARA ENFRENTÁ-LAS DANDO UM NOVO SIGNIFICADO PARA NOVAS EXPERIÊNCIAS.

Na falta de controle sobre meus pensamentos, imagens ou atitudes que se repetem independentemente da minha vontade, DEUS ME CONCEDA O DISCERNIMENTO.

Nas angústias, desilusões, frustrações e no sentimento de impotência, DEUS ME DÊ FORÇA E CORAGEM.

Nos sentimentos de raiva e culpa, DEUS ME ENSINE A PERDOAR, REPARAR E AMAR NOVAMENTE.

Nos meus desejos incontroláveis de obter prazer a qualquer preço, DEUS TORNE MINHA FORÇA MAIOR QUE MEU DESEJO.

Nos usos que faço de cigarro, álcool e drogas ilícitas, DEUS ME ENSINE A RECONHECER O PROBLEMA E QUE EU CONSIGA ME ABSTER.

Nos desejos incontroláveis para compras, comidas, jogos ou sexo, DEUS ME ENSINE A TER CONTROLE MOSTRANDO NOVOS CAMINHOS, HÁBITOS E ATITUDES.

Nos momentos em que sinto um vazio imenso, que não sei como preenchê-lo, DEUS ME AJUDE A BUSCAR O MELHOR PARA MIM E O MELHOR DE MIM.

Por que você está sofrendo? 49

Que eu não me perca na escuridão do sentimento que não compreendo e com o qual não sei lidar; mas que me lance na Sua infinita misericórdia, chorando aos Seus pés, abandonando-me para que, como *Ana*, tenha a graça de ver o milagre do impossível acontecer em minha vida. Que eu seja corajoso como *Gideão* e saiba amar como *Ana* mesmo em meio às dores e aos sofrimentos para que meu sonho seja atendido pelo Senhor.

Amém.

Capítulo 3

Você precisa ser curado

É preciso reconciliar-se com Deus e consigo mesmo, para poder escutar as respostas d'Ele. Muitas vezes, carregamos dentro de nós uma divisão enorme causada pelo nosso pecado pessoal e pela falta de perdão. Há muitas pessoas que não se perdoam de seus pecados passados, carregam ainda um fardo enorme nas costas e, por isso, punem-se, escravizam-se ainda mais em uma vida de obrigações e legalismos, que as impede de viver aceitando o Amor de Deus, que dá nova vida, que dá a chance de recomeçarem.

É triste ver que muitas pessoas que não se perdoam levam uma vida faceada, dividida, pois ao mesmo tempo que querem acreditar que Deus pode perdoá-las, elas mesmas não se perdoam, consideram-se indignas do perdão de Deus, pois acreditam que seu pecado foi tão grande, fez tão mal, que Deus não lhes pode dar o perdão. Desse modo, vivem longe das promessas do Senhor, e vão se afastando porque não se sentem prontas para estar diante Dele, de falar com Ele. O resultado é que se afastam de tal modo do Senhor que se fecham para escutar Sua voz, Seu chamado, Seu plano de Amor sobre a vida delas.

Você precisa ser curado **51**

A reconciliação é necessária em primeiro lugar consigo mesmo para haver a reconciliação com o Senhor, como também é necessária a reconciliação com o Senhor para se reconciliar consigo mesmo. As duas coisas andam juntas, pois, se eu não aceito a minha história de vida, se eu não aceito meus pecados, minhas fragilidades, não conseguirei pedir perdão a Deus e me aproximar d'Ele, pois me sentirei indigno de tal aproximação. Assim também é com a aceitação total da minha história de vida, do meu passado, que se dá completamente quando estou diante do Senhor. Ele, que me ama e me aceita como sou e sabe o que há no meu coração, conhece a dor que carrego.

A partir dessa escolha de reconciliação, dessa decisão racional que deve surgir no meu coração: "Eu escolho e desejo me perdoar", surge, então, em nosso coração uma luz vinda do Espírito Santo, que nos ilumina e nos dá a graça sobrenatural, para encontrarmos o perdão, para nos sentirmos homens e mulheres perdoados por Deus, e assim nos perdoarmos também.

Contudo, é comum termos uma barreira para experimentar esse contato, porque muitas vezes culpamos Deus pela nossa infelicidade, pelas coisas que não deram certo em nossa vida, e Deus se deixa culpar, permanece em silêncio, para que no tempo certo possamos ver quanto Ele nos amou, calou-se diante de nós, da nossa cegueira espiritual, para não nos acusar dos nossos erros e pecados.

Se você escolheu mudar de rumo, agora é possível ouvir as respostas do Senhor, entender Seu chamado e viver a promessa de vida e alegria que Ele fez a cada um de nós. Assim, quando tiramos o peso de nós, e nos reconciliamos com Ele, e conosco, aceitamos toda a nossa vida, o que está ao nosso redor, e podemos nos colocar à disposição de Deus para ouvir

O Plano de Deus

o que Ele deseja de nós, e qual é o seu projeto, o seu plano de amor para a nossa vida e para a vida dos irmãos.

Vamos, então, nos tornando sensíveis à sua voz, deixando o Senhor nos interpelar por meio dos acontecimentos da vida, enxergando que o mundo e a nossa missão são muito maiores que o nosso pecado, que a nossa dor.

Quando escutamos a voz do Senhor, que vai falando ao nosso coração, à nossa intuição, percebemos que Deus nos manda para a frente sempre, e pede que não paremos em mais nada, que caminhemos na fé e na esperança de que Ele fará feliz o nosso coração. E a promessa que Ele nos dá não é só de alegria e paz interior diante do mundo, da dor e do sofrimento, mas de vida eterna, da vida com Ele, na qual não haverá mais choro nem ranger de dentes.

Deus quer nos fazer felizes. Quando estamos reconciliados com Ele, sentimos o Seu Amor, e vivemos não mais para nós, mas para Ele. E, unidos a Ele, participamos da Sua vida, e recebemos Sua promessa de vida eterna. Já iniciamos viver a vida eterna, neste mundo, que é a felicidade e o Amor de Deus, que nos dá vida em nossa vida.

Você está cansado

Quantas vezes você teve de respirar fundo para continuar caminhando?

Descansar em Deus é o segredo. Qual a diferença de descansar em outro lugar, com outra pessoa? O que tem Deus que pode tirar uma dor? Trata-se da paz que esse descanso oferece. O acolhimento. A certeza de que ali, naquele momento, naquele lugar, nos braços do Senhor, enquanto estivermos sobre o seu poderoso amparo, nada de mal vai nos acometer.

Chegamos a Deus com nossa alma esfarrapada, nosso corpo doído, nosso coração pesado, apertado, e pedimos aos

Você precisa ser curado 53

prantos que nos receba em Seus braços. E ali deitamos, e vamos aprofundando a oração até nos sentirmos totalmente dentro do coração de Deus.

Essa é a abertura para experimentar o mistério da fé. Na verdade, acredito que esse encontro com Deus é sempre um mistério, simples e generoso. É mistério porque é algo que tentamos explicar, mas não conseguimos; se conseguíssemos deixaria de ser mistério. Contudo, é uma experiência de acolhida e amor de Deus tão profundo, capaz de mudar nosso coração, nossa vida por completo, de nos curar profundamente da dor causada pelo nosso pecado, e pelas situações de desamor que vivemos.

Quero convidá-lo a estar em uma oração silenciosa diante do Senhor.

— Quais são os projetos que tem adiado porque suas forças estão no fim?

_____

_____

_____

_____

Então, meu irmão, você que não tem mais chão ou segurança, repouse no Senhor.

O encontro com o Senhor é algo fundamental em nossa vida para poder nos equilibrar, para poder nos estruturar. Quando estamos com Ele, no silêncio de nosso coração, dando a Ele a nossa dor, as nossas preocupações, vamos pouco a pouco voltando ao nosso eixo, nos equilibrando espiritual e emocionalmente. Ao enxergar nosso interior, vemos o mundo com um olhar diferente, pois o Senhor coloca cada coisa no seu lugar e nos dá a esperança, as respostas que queremos.

Quando estamos longe d'Ele, perdemos a aferição de nossas emoções, desestruturando-nos e assim caímos em um

54 O Plano de Deus

colapso psíquico, perdemos o discernimento de cada situação e não conseguimos escutar a voz do Senhor.

Quando estamos em desequilíbrio emocional, entramos em um colapso interior, perdemos o verdadeiro discernimento para julgar as situações, perdemos a paciência conosco e com os outros, perdemos a paz interior, não conseguimos tomar atitudes que deveríamos tomar diante das situações, deixamos de amar, e vivemos uma grande insatisfação com tudo e com todos. Desse modo, temos a nossa alma perturbada e arrastada por medos e angústias, a vida perde o brilho, e as coisas ficam sem significado, porque interiormente estamos desequilibrados, e vemos o mundo não mais com o olhar do amor de Deus.

O Senhor tem o poder de nos transformar

Quando estamos a rever nossa vida automaticamente, entendemos que é preciso mergulhar em nosso interior. Por isso, para falarmos da possibilidade que Deus nos oferece de curar o nosso desamor e as nossas carências, quero refletir com você uma passagem do livro de Ester, rainha e mulher justa.

Ela temia o perigo de morte que se aproximava, e buscou refúgio no Senhor. Em nossa caminhada também é assim: quando olhamos a nossa vida e temos a sensação de que estamos para perder tudo ou que tudo aquilo que temos não faz mais sentido, temos de nos voltar para Deus.

Em Ester (4, 14) temos:

Meu Senhor, nosso Rei, tu és o único! Protege-me porque estou só e não tenho outro defensor além de Ti, pois vou arriscar a minha vida. Desde a infância aprendi com minha família que Tu, Senhor, escolheste Israel entre todos os povos e nossos pais entre todos os antepassados, para ser Tua herança perpétua. E cumpriste o que lhes havias prometido. Pecamos contra Ti e nos entregaste aos nossos inimigos, porque adoramos os deuses deles. Tu és justo, Senhor! Eles, porém, não se contentaram com a amargura da nossa escravidão. Comprometeram-se com seus ídolos e juraram anular a palavra saída dos Teus lábios e fazer desaparecer a Tua herança e emudecer as bocas que Te louvam, para aniquilar Teu altar e a glória de Tua casa. Juraram abrir os lábios dos pagãos para que louvem seus ídolos vazios e adorem eternamente um deus de carne. Senhor, não entregues Teu cetro a deuses que não existem. Que não cacoem de nossa ruína. Volta Teus planos contra eles próprios, e que sirva de exemplo o primeiro que nos atacou.

Lembra-te, Senhor, manifesta-te a nós no dia da nossa tribulação. Quanto a mim, dá-me coragem, Rei dos deuses e Senhor dos poderosos. Coloca na minha boca palavras certas, quando eu estiver diante do leão. Volta o coração dele para odiar o nosso inimigo, para que este pereça junto com todos os teus cúmplices. Salva-nos com a Tua mão e vem para me auxiliar, pois estou sozinha. E fora de Ti, Senhor, eu não tenho nada. Tu conheces todas as coisas, sabes que odeio a glória dos ímpios e que o leito dos incircuncisos e de qualquer estrangeiro me causa horror. Tu conheces a minha angústia e sabes que eu detesto o sinal da minha grandeza, que me cinge a fronte quando apareço em público. Eu detesto o trapo imundo, e não uso fora das solenidades. Tua serva não comeu à mesa de Amã, nem apreciou o banquete do rei, nem bebeu o vinho das libações. Tua serva não se alegrou desde o dia em que mudou de condição, até hoje, a não em Ti, Senhor, Deus de Abraão. Ó Deus, mais forte que todos os poderosos, ouve a voz dos desesperados, liberta-nos da mão dos malfeitores, e livra-me do medo!

56   O Plano de Deus

Irmão, a rainha Ester, uma mulher justa, temendo o perigo de morte que se aproxima, buscou refúgio no Senhor. Nós também, em nossa caminhada, sentimos o perigo da morte que se aproxima de nosso coração, quando olhamos a vida e temos a sensação de que estamos prestes a perder tudo, ou que tudo aquilo que temos não faz mais sentido para nós.

Quantas vezes passamos pela sensação do perigo de morte, que é quando não temos mais seguranças humanas? Entramos no vazio de nossa alma, em que não temos mais alegrias, não temos mais nada; o lugar no qual sentimos apenas a desolação total. Ou quando percebemos que nossa vida está por um fio. Ou da aproximação da morte física, propriamente dita, e então sozinhos gritamos interiormente em desespero e não temos quem nos escute ou nos console.

Nesses momentos, quando não temos mais o controle de nossa vida, quando o sofrimento e a dor são imensos, devemos fazer como a rainha Ester — buscar refúgio no Senhor.

O Senhor é nossa rocha. Buscar refúgio é se abandonar e deixar que Ele seja nosso sustento. Que Ele seja aquele que nos defende, que dá uma palavra em meio às nossas dificuldades, aquele que é a nossa segurança.

A rainha Ester prostra-se por terra desde a manhã até o anoitecer, buscando refúgio no Senhor; ela não desiste. Pelo contrário, é perseverante em sua oração. A prostração para um judeu, para uma judia, era a total entrega. Assim faz Ester. Ela se prostra com o rosto por terra, mostrando que sua dor interior era tão grande que ela se joga no chão, demonstrando ser nada diante de Deus.

É assim, irmão, que devemos fazer quando nossa dor for grande! Jogar-nos diante de Deus, dizendo: "Senhor, eu não sou nada, mas o Senhor é tudo. E o Senhor pode"! Prostrar-se de manhã até a noite, ou seja, uma oração contínua, incessante de nosso coração, prostrando nossa vida diante de Deus.

Não importa se não temos tempo físico para essa oração contínua. Mesmo que estejamos no trabalho, nosso coração pode estar prostrado diante de Deus. Pois Deus vê a intenção de nosso coração e a intensidade com que fazemos as coisas para Ele.

Ester clama ao Senhor recorrendo e louvando por Sua manifestação de geração em geração: "Deus de Abraão, Deus de Isaac, Deus de Jacó, Tu és bendito! Vem em meu socorro, pois estou só e não tenho outro defensor fora de Ti, Senhor! Tu és bendito, Senhor"!

Em outras palavras, o nome do Senhor é louvado diante de todas as gerações, pois Ele age na história. E como Ele age na história, acreditamos também que agirá em nossa história pessoal. Quando a rainha Ester se sente só e pede pelo socorro do Senhor, ela quer dizer que Deus é o único capaz de libertá-la. Como podemos ver, irmão, é ali que a mão destra, forte, de Deus vem em nosso socorro. E Deus muitas vezes permite que façamos experiências, como esta de estarmos sós, para mostrar que não estamos realmente sozinhos. Ele está conosco mesmo quando tudo e todos parecem ter se afastado. Deus permanece sempre conosco.

Às vezes, Deus retira tudo e todos de nossa vida para Ele se fazer presente, como nunca antes. Mesmo que não O sintamos mais, Ele está ali, presente, com Sua mão poderosa. Ele tira tudo de nós para nos dar uma nova vida, um recomeço, um novo horizonte.

Devemos ser como Ester, e pedir que Ele nos transforme. Afinal, quantas vezes nos expomos ao perigo com nosso pecado, com as nossas brechas, e o Senhor nos dá tempo e, na Sua misericórdia, nos chama para virmos a Ele, para iniciarmos uma nova vida, para darmos e rendermos a nossa vida a Ele.

O Plano de Deus

Nós não somos mais um para Deus. Ele nos trata como filho único, nos ama individualmente, conhece nossos problemas, nossas dores, nossos pecados e traça nossos caminhos com precisão e perfeição, cada detalhe, por mais insignificante que pareça. Nada foge ao Seu olhar. Nada passa despercebido por Ele. Durante uma oração em que nos entregamos, sentimos o Senhor tão perto de nós que podemos sentir esse amor de Pai, d'Ele por nós, esse amor de Pai que nos olha pessoalmente.

Irmão, a visão do Deus de amor precisa estar sempre presente em nossa vida e em nosso coração, mesmo quando estamos esmagados pelo sofrimento, suplicando alívio no meio do deserto, prostrados, quase incrédulos, pois é no incrédulo que Deus faz a sua Graça. No último momento Ele mostra o Seu amor, a Sua força, o Seu agir em nossa vida.

Quando suplicamos já quase esgotando as forças e as esperanças, sem ter desistido no meio do abandono, perseverando até o fim, aí, sim, Ele entra com a sua providência e muda a nossa vida, transforma a noite de tormenta em dia de luz.

Sempre foi assim, a fé em Deus nos leva ao deserto como uma isca que o Senhor joga ao nosso coração nos chamando, querendo que sejamos salvos e amados por Ele. Ele não desiste de nós. A cada erro, Ele nos dá outra chance. Outro deserto se abre a nossa frente para nossa purificação, para que nos entreguemos a Ele. Para a nossa transformação.

— O que você quer transformar em sua vida?

Você precisa ser curado   **59**

Peça esse milagre do Senhor para a sua vida com amor e confiança. Ore:

Senhor, és o único capaz de me emendar e de me fazer santo, de me fazer Seu, de transformar todas as situações que fogem agora do meu controle e que me fazem sofrer, e fazem outros sofrerem também.

Ajude-me em meu abandono. Eu reconheço que não tenho mais ninguém. Apenas Seu amor é capaz de me curar. Meu Pai, em Suas mãos coloco minha confiança. E peço:

Quando eu estiver diante de todos aqueles que pretendem o meu mal, diante daqueles que têm poder sobre a minha vida, diante daqueles que têm argumentos contra mim, protegei-me, Senhor, com a Sua graça.

Transforma meu luto em alegria, minha tristeza em felicidade. Dá-me vida, Senhor! Toma o meu coração neste momento em Suas mãos, aquece-o com o Seu amor, faz por um momento de graça, por meio do Seu Espírito Santo, ser tocado agora com o calor das Suas mãos de amor, tire do meu coração toda a morte, todo o desamor, o medo e a frustração.

Nesse momento eu Lhe entrego, Senhor, toda a dor que há em meu coração, a perda da pessoa amada, do filho nas drogas, do marido, da esposa, tantas perdas. Transforma, Senhor Jesus, essas dores em bem-estar, em equilíbrio, para que o sorriso possa nascer nos lábios e para que tudo isso seja para vida e salvação. Nesse momento, Senhor, que da mesma forma que foi escutada a oração da rainha Ester, a minha também seja. Para que a Sua bênção nos salve, liberte, cure. Obrigado, Senhor, por me amar e por estar sempre comigo.

Amém.

REFLEXÃO

SEJA VOCÊ TAMBÉM UM VINHO NOVO

Uma das passagens mais famosas é o casamento de Caná, quando Jesus realizou o milagre da transformação do vinho. Após o pedido de sua mãe, Maria, Jesus sensibiliza-se com a falta de vinho na festa de casamento a tal ponto que realiza, até antecipadamente, o seu primeiro milagre.

É belo saber que Jesus gosta de festa, não é carrancudo, é festeiro, gosta de estar com o Pai em silêncio à noite, em oração, e de dia com seus irmãos. E é belo notar que, com o gesto da transformação da água em vinho, ele mostra que não quer que acabe a festa!

Somos nós que na nossa dureza de palavras e de coração, muitas vezes em nome da nossa razão, da lei e de regras pre-estabelecidas, acabamos com a alegria de muitas pessoas, e muitas vezes fazemos isso até em nome de Deus! Impomos leis, mandamentos, vivemos no primeiro testamento, e esquecemo-nos de seu cumprimento, da lei do amor, amor este capaz de cobrir uma multidão de pecados, pois o amor supera toda a lei.

Muitas vezes, tenho a impressão de que nós, católicos, não entramos na dimensão da festa, que é o encontro com Jesus. Queremos que todos ao nosso redor vivam a alegria. No entanto, estamos sempre de cara fechada, como se estivéssemos carregando um peso infinito, enorme; cobramos dos outros a alegria, mas não a vivemos plenamente.

Jesus nos ensina a verdadeira alegria, sobre a qual são Francisco de Assis disse: "há mais alegria em dar do que em receber". E Jesus sempre dá, a tal ponto que não deixa os noivos se preocuparem com o que poderia lhes faltar, Ele provê. É assim que Ele age em nossa vida, e agiu assim na vida daqueles jovens recém-casados porque queria vê-los felizes, porque tinha um pacto de amor com eles, vindo pela intercessão de Maria.

Em Caná, esse é o princípio dos milagres, que é a chave de leitura de todo o evangelho. Nós, infelizmente, vemos Deus como um carrasco, como um Deus das regras, do cumprimento da lei, como um Deus que castiga o pecador, mas nos esquecemos de ver o Deus amor que vem para alegrar e realizar o coração do homem...

Devemos seguir esse belo exemplo de Jesus, mesmo com tantas coisas importantes para fazer, com toda a pressa de nossa vida, com a falta de tempo para quem amamos, para sermos felizes sem reservas, parar tudo e dizer: por que não agora? Por que não sorrir e transformar a dor em alegria? Jesus tinha tantos assuntos importantes para realizar e em que pensar, mas nem por isso deixou de pensar na alegria e na festa.

A imagem forte desse evangelho é a imagem das núpcias, que teologicamente é a imagem da comunhão plena com Deus, a imagem do Deus que assume a nossa humanidade com a sua encarnação. Trata-se da imagem, então, de sua essência de amor, que dá sentido à nossa vida, e é por isso que a Bíblia é a história do amor de Deus para o homem; de Deus que o procura, para que o homem perceba a razão de seu viver: o amor.

Amor que não é uma lei dura, rigorosa, zelante, mas, sim, o vinho novo de ser um para o outro, o vinho novo do pacto, da aliança de amor entre Deus e o homem, entre a nossa miséria e a Sua misericórdia.

Essa experiência da falta do vinho é a mesma de nossa vida, quando percebemos que em certo ponto perdemos a alegria do coração, perdemos a alegria de viver o nosso matrimônio, a nossa consagração, o nosso cotidiano no trabalho,

62 O Plano de Deus

na escola, perdemos a alegria de nos relacionar com os nossos, ou seja, perdemos a presença de Deus, por meio da nossa tibieza, do nosso pecado, com a nossa falta de esperança.

Muitas vezes caímos nessa falta de vinho também porque temos demais, e vivemos a superficialidade do mundo que quer o melhor e não nos contentamos com o necessário; assim, como possuímos o supérfluo, perdemos o verdadeiramente necessário em nossa vida, e perdemos o sentido da alegria nas coisas mais simples e verdadeiras.

Geralmente, estamos ocupados demais com o passeio, com a troca de carro, com o dinheiro e deixamos faltar o vinho, e, assim, a vida perde a dimensão do outro, da compreensão, do amor, da partilha, pois a vida não é só trabalho, só comida, superficialidades deste mundo que passam; é, antes de tudo, intimidade, partilha, é amor.

Quero dizer que, se corremos atrás do novo e do superficial, é porque o nosso encontro com Deus ainda é superficial, não é encontro, e, por não ser verdadeiro, não temos a necessária presença d'Ele em nós, e buscamos outras coisas para nos preencher, não temos o coração em festa.

A presença de Maria nessa passagem é muito forte. Jesus chama a sua mãe de mulher, embora muitos usem o termo de modo pejorativo para nos atacar, ou melhor, atacar a mãe de Deus. O verdadeiro significado nessa Palavra é de amor a Deus em plenitude. Foi a única que soube esperar o seu amado, a única que está sempre com o seu amor, o protótipo de cada cristão que quer viver no amor e na doação de Deus, no íntimo de sua fé.

Jesus manifestou, antecipadamente, a sua hora, tendo em vista a aliança para com aqueles que o esperavam, e o pacto de amor com sua mãe, que lhe apresentou o momento. Tudo isso mostra a sensibilidade e o amor que Jesus tinha pela mãe, e, se nós temos esse amor por Maria, por que não

Você precisa ser curado 63

pedir que interceda por nós para que se manifeste a hora de Jesus agir também em nossa vida?

O evangelho quer dizer que somos chamados agora a viver a plenitude da Boa-nova, a alegria da nova lei. Agora, e não depois, pois agora a Palavra se fez Carne em Jesus; assim, o homem e Deus já estão unidos, já é festa de núpcias, já é a festa do casamento em que se celebra uma só carne. Já, agora, o homem se torna divino no Senhor, por isso o tempo é terminado.

No entanto, o belo é que Maria diz aos servos: "Fazei tudo o que Ele disser"! Maria entende nas palavras de Jesus o pacto da aliança, e confia a ponto de deixar tudo preparado para o acontecimento.

Peçamos hoje a Maria, a Mãe de Deus e nossa, que, por intercessão dela, pelo pacto de aliança que tem com Jesus, que o Senhor possa vir sobre nós, e possa transformar nosso coração duro como talhas de pedra em um coração de carne. Aceitemos o pacto eterno do Senhor para conosco, ou seja, que aceitemos o seu amor, para que, à medida que aceitamos ser amados, iniciemos o nosso processo de conhecimento de Deus. Peça, querido irmão:

Nossa Senhora, neste momento quero me colocar diante da Senhora com todo o meu coração angustiado por ver dentro dele mais água do que vinho.

Mãe, a senhora sabe do que preciso, sabe a minha dor, por isso, peço que apresente a Jesus, e que Ele ordene que a nossa tristeza neste caminho de deserto se transforme em vinho de alegria.

Mãe, peço Seu amor sobre mim.

Jesus, tenha piedade de mim, vinde com Sua misericórdia inundar meu coração de amor e curar toda dor de abandono que passei nesta vida, para que, ao chegar ao final do caminho,

64 O Plano de Deus

tenha a alegria festiva da missão cumprida dentro do que o Senhor prega, na Sua palavra, tenha força; para isso, Senhor, me dê Sua força.

Senhor, que me ama sem limites, mostre-me a força do Seu amor e me revele a Sua presença em minha vida. E que eu possa seguir o exemplo de Maria, e seguir Seus passos inteiramente.

Amém

parte 2

Ouça a Resposta

*Deus não ignora o seu sofrimento.
Ele está de braços abertos
para a reconciliação e lhe chama
para uma vida nova.*

Capítulo 4

Onde está a resposta?

A procura pela resposta é uma constante. Todos nós procuramos respostas para as nossas dores, os nossos problemas. Nós procuramos uma resposta para sairmos de nossos problemas, mas o problema surge mesmo que não queiramos e, quando não vemos uma saída olhando para a frente, percebemos que nada está sob nosso controle – ou que tudo saiu dele.

Realmente, a vida, as situações, estão sob nosso controle até certo ponto, depois tudo não depende mais de nós, pois as coisas ficam sujeitas a muitos fatores que podem mudar nossos planos. E, quando percebemos que as coisas não andam, ou não estão mais sob nosso controle, não podemos cair no desespero. É preciso confiar no Senhor, que tem a nossa vida em Suas mãos, mesmo nos momentos em que tudo parece estar fora de nosso alcance.

É muito bonito caminharmos na confiança, na certeza de que temos um Deus que nos ama e está caminhando ao nosso lado. Deus se encarnou para vir ao nosso encontro, para permanecer conosco e nos auxiliar no caminho. Justamente no momento da dor, do sofrimento, ou quando pensamos estar tudo perdido, nós podemos abrir nosso olhar da fé

Onde está a resposta? **67**

e perceber que Cristo está conosco. E só encontraremos a resposta n'Ele.

A fuga da missão

Muitas vezes, as situações da vida nos trazem tantas preocupações e dores interiores que vamos nos cansando. Já escutei muitas pessoas dizerem: "Padre, acabei de me levantar de uma situação e já veio outra paulada e eu caí de novo... Parece que é uma porretada atrás da outra... Estou cansado... Não aguento mais"!

Quando vivemos muitos momentos de dores ou quando olhamos para o lado e percebemos que nada muda, podemos cair na tentação de parar de lutar pela nossa vida, pelas mudanças no nosso caminho, e assim corremos o risco de deixar tudo como está e não lutar mais.

Outra tentação neste momento é acreditar que oramos e Deus não nos escuta mais; contudo, na verdade, pode ser o contrário: Deus nos escuta, mas somos nós que podemos não escutá-Lo na leitura dos sinais que Ele nos envia em cada situação. Não podemos jogar tudo para o alto, achando que seria melhor não lutar mais, não viver mais, pelo fato de ainda estarmos sofrendo. O sofrimento faz parte da vida humana, mas sofrer com Deus é superação da dor, sofrer sem Deus é se afundar nela.

Deus nos pede apenas a confiança, a fidelidade a Ele, dentro da liberdade que Ele nos dá para vivermos, e quer que sejamos felizes. Deus não nos violenta, não quer o nosso sofrimento, pelo contrário, deseja a nossa alegria e felicidade.

Para nos fazer felizes, Deus já pagou o preço da nossa felicidade, morrendo na Cruz, esperando de nós apenas que aceitemos o Seu amor, que aceitemos viver aquilo que Ele nos pede. Algo que não é difícil demais, é apenas uma adesão

68 O Plano de Deus

à Sua vontade. Por essa razão, não devemos fugir de nossos problemas, devemos, sim, fugir para Deus, e não d'Ele.

No coração de Deus podemos entregar tudo. O segredo é a entrega. Das dores. Do peso. Do julgo. E assim a dor vai sendo transferida e, junto dela, todas as feridas da alma, do corpo e do coração. E vamos tornando-nos mais leves, amados. Enquanto entregamos, Deus vai preenchendo-nos de Seu amor. De Sua força.

Essa é a raiz do mistério da fé. O amor de Deus. A fé, obtida por meio da oração em que chamamos Deus para junto de nós e nos oferecemos a Ele, é uma certeza de que temos para onde fugir nos momentos de desespero.

Fugir nunca é a solução. Quando agimos assim normalmente nos colocamos em lugares e situações que nos trazem mais perigo e vulnerabilidade. Correr para Deus não é fugir, mas ter um encontro que nos leva para longe da destruição, daquilo que nos joga para baixo. Deus permite que encontremos força, alegria e transformação.

Deus quer nos ajudar nos momentos de queda, enquanto a maioria das pessoas nos evita. Não por maldade, mas porque já acreditam que o julgo delas já pesado o suficiente e não conseguem imaginar carregar o deles e ainda ajudá-lo a carregar o seu.

Afinal, o caminho é seu e de mais ninguém. Não há como dividir a responsabilidade, os desafios. Esse é um caminho de salvação individual. Se Deus permitiu esse caminho, tenha certeza, é para transformá-lo interiormente, e para um aprendizado ainda maior.

Nós, muitas vezes, queremos ir a tantos lugares, queremos resolver nossos problemas de tantas maneiras... O Senhor nos chama a nos recolher n'Ele porque convida os aflitos. Então, entre em oração silenciosa diante de Deus e entregue o seu fardo, a sua dor, o seu peso a Ele.

Onde está a resposta? 69

Responda aqui ou em seu coração: Qual é o seu fardo a ser entregue?

_____

_____

_____

Visualize esse fardo em suas costas e dentro de seu coração, e, com suas mãos espirituais, vá tirando-o e entregando-o diante de Jesus. Veja-se como um andarilho que carrega um fardo pesado acumulado com a vida, um fardo cheio de dores, decepções, angústias. Abra esse fardo em suas costas, olhe e dê nome a cada dor, a cada coisa que está dentro dele. Lembre-se dessas situações dolorosas e sofridas, e apresente-as diante de Jesus, que está agora em sua frente. Entregue tudo a ele, com calma, veja-se tirando de dentro desse fardo cada situação e conte a Jesus a sua dor. Depois que esvaziar esse fardo, entregando cada dor nas mãos de Jesus, preste atenção no que Ele fará.

O Senhor diz que, uma vez que você tira esse fardo, Ele envia o fardo d'Ele, ou seja, convida a seguir uma doutrina de amor e bondade. Ele deseja nos conduzir para o bem, para a nossa felicidade.

Os homens julgam e condenam, por isso nasce nossa vontade de fugir dos olhares e das intervenções daqueles que não querem o melhor para nossa vida. As relações humanas, sempre carregadas de apego, afastam-nos do Senhor e de quem realmente somos a fim de sermos aceitos por modelos e condições determinados pelos parâmetros humanos — e que na maioria das vezes são injustos e não respeitam o nosso interior. Dessa imposição, surge em nós o ímpeto de fugir e negar aquilo que verdadeiramente somos.

Contudo, como você mesmo pode ver, não é esse o caminho correto.

O Senhor está no meu deserto

O Salmo 22 é um dos mais bonitos das Sagradas Escrituras e traz uma cena típica do deserto: a cena do pastor, que se repete ainda hoje em Israel. O pastor vai à frente, conduzindo suas ovelhas, para que elas possam encontrar abrigo, alimento, descanso, oásis... E paz. E, por excelência, é o Senhor, o nosso pastor e de Israel.

O pastor tem em uma de suas mãos o báculo e, na outra, o bastão. O báculo é um pedaço de pau, grande, com um arco na extremidade para que, se uma das ovelhas se desviar de seu caminho, ele possa puxá-la e resgatá-la.

O pastor, ao passo que caminha à frente do seu rebanho, o faz batendo com o báculo no chão, ritmando os passos das ovelhas, pois, sentindo a vibração do báculo no chão, elas conseguem se orientar pelo caminho.

Veja que interessante, as ovelhas caminham conforme o desejo do pastor. Quando o pastor bate mais rápido o cajado no chão, elas sentem a vibração e caminham mais depressa; quando ele bate mais devagar, elas diminuem o ritmo de seu passo. Será que somos capazes de aceitar o ritmo proposto pelo nosso pastor? Ou estamos sempre querendo ultrapassá-lo para que nossa vontade se realize mais rápido?

Enquanto você pensa sobre isso, falemos sobre o que o pastor tem na outra mão: o bastão, de 1,20 metro mais ou menos, cheio de espinhos e pregos. O bastão serve como uma arma de proteção contra lobos e animais ferozes que ameacem suas ovelhas.

E assim o pastor atravessa o deserto com suas ovelhas, caminhando à frente delas. Por que o pastor vai à frente das ovelhas? Para guiar seu destino! É ele quem enfrenta primeiro o perigo, é ele quem dá a vida pelas ovelhas porque o pastor não é mercenário. O mercenário faz por dinheiro.

Onde está a resposta? **71**

O destino das ovelhas no deserto será o destino do pastor; onde elas estão, ali estará o pastor; o que elas sofrerem, sofrerá também o pastor; se elas não terão abrigo, o pastor também não terá; se elas passarão fome, o pastor também passará, pois o pastor sofre com cada uma delas e está com elas. E assim é Deus conosco! Parece que nesse caminho falta tudo, mas o Senhor nos fez uma promessa. NADA nos faltará! Porque a cada dia o Senhor nos provê aquilo de que necessitamos.

Nada nos faltará é uma promessa, porém, não depende de Deus somente, também somos responsáveis por isso. Deus entra com a misericórdia e o amor, e nós entramos com a ação, a decisão e a vontade de que nada nos falte, ou seja, com a vontade de caminhar com Ele, mesmo que o caminho no deserto não seja fácil.

Entretanto, você pergunta: Como acreditar que nada faltará se já está faltando? A resposta é a **fé**! Deus quer nossa fé, nossa confiança n'Ele. Ele quer a nossa entrega em Seus braços no meio da falta de tudo para que Ele nos dê, pouco a pouco, tudo aquilo que nos está prometido. E, quando menos esperarmos, veremos que nada nos faltou ao longo da vida.

Podemos até fazer um balanço de nossa vida e, na média, perceber que faltou dinheiro em um período, mas sobrou amor; faltou amor em outro, mas sobrou força; faltou força, mas sobrou apoio; faltou apoio, mas sobrou coragem; faltou coragem, mas sobrou quem lutasse por nós, quem dissesse "Vai dar tudo certo, lute mais um pouco".

Quero dizer que o nada para Deus não é o supérfluo, é o essencial. O amor de Deus é o tudo dentro do que precisamos para uma vida plena. É o motor que nos move e move as pessoas que estão à nossa volta a fazer o correto, o bem, o que deve ser feito.

Em verdes prados, Ele me faz repousar. Há a promessa de que o Senhor neste deserto nos conduzirá a uma pasta-

72   *O Plano de Deus*

gem verde, ao alimento e ao descanso. Às vezes, um verde prado é um abraço, uma palavra, uma frase do tipo: "Eu o entendo, sei que está sofrendo e eu estou com você!" Ou uma oração na qual nos conectamos com Deus e Ele nos ouve e sentimos a Sua presença, ou uma missa quando o Senhor fala conosco por meio da homilia.

Quantas vezes queremos encontrar um verde prado, um carinho, um abraço...

Da mesma forma que cada um de nós tem o próprio deserto, cada um possui também o próprio verde prado. Que Deus em Seu amor e Sua misericórdia nos permita esse repouso.

– Qual o verde prado que você procura?

_____

_____

_____

Podemos, a esse ponto, nos perguntar: "Como sobreviver aos desertos permanentes em nossa vida? Como conseguir?" Só há uma resposta: "Viver imerso no amor de Deus, confiando plenamente que, estando na companhia de Deus, em comunhão com Ele, venceremos; e, se cairmos na areia, ele nos levantará e nos dará a vida"!

Nesse deserto permanente a presença de Deus se torna cada vez maior; Ele vê e reconhece nosso esforço em caminhar com Ele em plena vivência de fé e oração. O Senhor guarda seus eleitos, aqueles que são fiéis ao Seu amor.

Certa vez, uma moça veio falar comigo. Ela estava muito preocupada, cheia de inimigos diante de si querendo o seu mal. Eu lhe disse a passagem que o Senhor me apresentou: "O Senhor lhe prepara uma ceia diante dos seus inimigos" (Salmos 22, 5). E, de fato, ela foi a um restaurante e lá estavam todos os seus inimigos querendo destruí-la, queren-

Onde está a resposta? 73

do sua morte, enquanto ela comia tranquila sem poder ser tocada. O Senhor a guardou e nada poderia machucá-la.

Como padre, muitas vezes, ao exercer o ministério da confissão, enxergo que boa parte das pessoas que caem em pecado o faz porque tem o coração gritando por um pouco de amor, compreensão e carinho, grita por amor, e peca porque está buscando um pouco de amor.

Só nos sentiremos plenos quando habitarmos definitivamente a casa do Senhor. Porque é lá que encontraremos a cura de nossos sofrimentos.

A cura é bênção de Deus e está acessível a todos os seus filhos, basta que abramos nosso coração e nos coloquemos dispostos a seguir o caminho ao qual o Senhor nos convida.

Assim como os sete dons do Espírito, a cura é alcançada por meio dos sete estágios da intimidade com Deus.

1. **Entender o tempo de Deus**
   Devemos saber que Deus, na Sua sabedoria, sabe o tempo certo para cada coisa em nossa vida. Somos diante de Deus como uma fruta, que nasce no ramo e vai crescendo até amadurecer. Deus usa do tempo em cada situação para amadurecermos, para transformar nossa vida e nosso coração.

2. **Levantar para ser uma nova criatura**
   Não podemos ficar caídos no pecado, na dor, no sofrimento. Deus quer que demos o primeiro passo na caminhada, mesmo que não consigamos caminhar. Ele quer ver em nós a vontade. Para Deus, não importa o seu pecado nem quantidade, para Deus importa apenas que você tenha o desejo de se levantar e não ficar caído na sua dor. Ele saberá levantá-lo, e, mais do que ninguém, Ele conhece a sua vida e a sua dor.

74 O Plano de Deus

3. **Acreditar que Deus não o abandona**

Deus está sempre conosco. Ele é como uma mãe, que, mesmo vendo o filho nas drogas, na prostituição, no vício, na marginalidade, sempre estará próxima estendendo a mão para levantá-lo, ajudá-lo em seu caminho. Deus nunca nos abandona, somos nós que O abandonamos quando não nos sentimos dignos de estar próximos d'Ele por causa de nosso pecado, ou, quando pela dor e pelo sofrimento, achamos que Ele não nos ama.

4. **Perdoar**

Somos convidados a integrar o nosso coração e ter a paz. Para isso, devemos perdoar. Perdoar-nos de nosso passado que já passou e não existe mais, perdoar-nos de nossas atitudes, de escolhas que nos fizeram mal, e fizeram mal aos outros. Devemos perdoar os outros, isso não quer dizer que devemos esquecer o que nos aconteceu ou nos fizeram, pois não conseguiremos, temos uma memória, mas significa dar ao outro a chance de ser melhor e mostrar que mudou. E, por último, perdoar a Deus, da culpa que colocamos n'Ele pelos nossos fracassos. Na verdade, Deus não tem culpa, mas precisamos nos reconciliar com Ele, entender que Ele nos ama e, por amor, se deixa até condenar por nós. É preciso pedir o perdão de Deus pelos nossos pecados. É necessário também nos arrependermos do mal que fizemos para que a cura aconteça.

5. **Converter-se verdadeiramente**

A conversão verdadeira não significa apenas mudança de hábito ou de mentalidade, mas voltar à casa de Deus, e vê-Lo e tê-Lo em nossa vida como um Pai de amor, e não como um padrasto, um superior lega-

Onde está a resposta? **75**

lista, que vive sentado em seu trono sem fazer nada, apenas dando ordens.

6. **Viver a cura diária**

Significa buscar ser melhor, refletir sobre o que vivemos naquele dia, e buscar olhar tudo com o olhar de Deus, sem permitir que a angústia, a dor, o sofrimento nos tornem duros para a vida, de modo que ela não fique sem graça, sem sabor. Esse é um exercício diário. Todas as vezes que trabalhamos nosso coração, buscando nele as raízes de nosso sofrimento. E podemos com a luz do Senhor encontrar respostas para cada um deles, e encontraremos a cura!

7. **Confiar nos planos de Deus**

Trata-se de abandonar nossa vida nas mãos do Senhor, sabendo que Ele tem e quer o melhor para nós. E, mesmo que não entendamos o que está acontecendo, uma coisa é certa: Ele quer de nós o abandono, a confiança de uma criança que se deixa conduzir no colo da mãe, ciente de que a mãe a conduzirá para o lugar seguro, de aconchego e amor.

Deus quer de nós a confiança cega em seu amor, pois os seus planos são sempre melhores que os nossos.

Em grego, temos *kalós*, que não é o Senhor, mas o Bom Pastor, e o Senhor é o BELO pastor. Porque o pastoreio do Senhor não é bom, mas é belo, esplêndido, magnífico. No belo, encontra-se a verdadeira essência daquilo que satisfaz a alma e alegra o coração.

R E F L E X Ã O

Para encerrar este capítulo, quero refletir com você sobre o Salmo do Pastor, o Salmo 22. Nele está escrito:

76 O Plano de Deus

Salmo de Davi. O Senhor é meu pastor, nada me faltará. Em verdes prados ele me faz repousar. Conduz-me junto às águas refrescantes, restaura as forças de minha alma. Pelos caminhos retos ele me leva, por amor do seu nome. Ainda que eu atravesse o vale escuro, nada temerei, pois estais comigo. Vosso bordão e vosso báculo são o meu amparo. Preparais para mim a mesa à vista de meus inimigos. Derramais o perfume sobre minha cabeça, e transbordais minha taça. A vossa bondade e misericórdia hão de seguir-me por todos os dias de minha vida. E habitarei na casa do Senhor por longos dias.

Irmão, veja que bonito. Esse salmo é um convite para entregarmos nossa confiança a Deus. Por mais percalços que encontre em seu caminho, o Senhor É o SEU pastor, e por isso absolutamente nada lhe faltará.

Você iniciou um caminho de intimidade e mergulho profundo em seu interior para que possa efetivamente ser curado e, com isso, sentir a presença de Deus por todos os dias de sua vida, em sua casa, no trabalho, na convivência com a família, enfim, em todos os aspectos e nuances de seu existir.

O Senhor tem um propósito para você. E por mais dificuldades que tenha de enfrentar, acredite: a superação é encontrar repouso na morada do Senhor.

Jesus quer restaurar suas forças. Quer envolvê-lo em Seu manto de amor e curar a sua alma. Ore e peça a Deus com toda a confiança que Ele lhe dê forças e inspiração para nunca mais fugir da missão que preparou para você. Abra seus olhos e seus ouvidos para ouvir a resposta que tanto procura: Ele não o abandonou!

Capítulo 5

Reconciliação com Deus

Nosso pecado nos afasta de Deus. Ele, por sua vez, nunca desiste de nós. Foi por essa razão que nos enviou Seu único Filho para que pudesse fazer uma nova aliança; a aliança definitiva que marcaria nosso verdadeiro reconciliar com o Altíssimo.

A reconciliação existe para que restauremos nosso relacionamento com Deus. Ele, que muitas vezes colocamos de lado por causa das urgências mundanas. Trata-se de uma oportunidade de consertar o que estava quebrado. Neste capítulo, quero convidá-lo para viver essa experiência.

Encontre o botão de emergência

A comunidade cristã sempre foi muito perseguida e, quando Jesus se fez homem, aceitou incondicionalmente seu destino sem se rebelar contra o Pai. Nós, por outro lado, por não compreender os planos de Deus e até mesmo por não aceitar o posicionamento do outro, temos a tendência a partir para a rebelião, o desentendimento. Vivemos a solidão desse jeito.

78 O Plano de Deus

Sentimos tanto vazio porque ainda precisamos fazer uma experiência profunda desse Deus que caminha e está em nosso meio. E para viver a reconciliação é preciso também fazer um movimento descendente, de humildade.

Precisamos descer de nossa prepotência de acreditar que temos a vida em nossas mãos e querer mandar em tudo e em todos para que possamos de fato nos reconstruir. Quando algo lhe acontece, isso faz com que se sinta impotente, despido diante do outro, mas saiba que é a mão do amor de Deus formando-o e modelando-o para que possa ser um novo homem de Deus.

Neste momento, contemplo uma imagem que o Senhor Jesus revela. É justamente uma imagem de estarmos fundidos na cruz, grudados nela e nos tornando uma coisa só com Jesus crucificado.

É claro que queremos encontrar um botão, que, ao ser clicado, resolva todos os nossos problemas. No entanto, não somos Deus. É Ele quem aperta o botão de nossa vida. E não pense que é simples. O botão que o Senhor aperta e que verdadeiramente resolve os conflitos é caro, pois pede que cutuquemos justamente aquilo que não queríamos mexer. E Deus faz isso para colocar em movimento toda a nossa vida, para que nos acertemos com aquela pessoa que nos magoou, e que nem por isso deixou de ser importante. Seja no trabalho, em casa, com as pessoas que se afastaram, trata-se de um exercício de humildade e fé que faz com que, mais do que acertar, você recobre o sentido da verdade. Afinal, o que realmente importa senão a paz?

A reconciliação nem sempre acontece do jeito mais fácil. A gente tem de assumir os erros, os defeitos, as impaciências. Por isso, agora peço que examine os pontos de sua vida que estão acorrentados por falta de reconciliação.

Reconciliação com Deus **79**

A vida pode ser entendida por diversos pilares. Escreva como você se sente ou o que o aflige em cada um deles:

• Espiritual:

_____

_____

_____

• Saúde:

_____

_____

_____

• Profissional:

_____

_____

_____

• Família:

_____

_____

_____

• Filhos:

_____

_____

_____

• Relacionamento:

_____

_____

_____

80   *O Plano de Deus*

- Financeiro:

_____

_____

_____

- Social:

_____

_____

_____

- Com quem você precisa se reconciliar neste momento?

_____

_____

_____

- O que tem a dizer a essa pessoa?

_____

_____

_____

- Pensando nela, qual o seu pedido a Deus?

_____

_____

_____

Reconcilie-se com Deus hoje

O tempo todo, Deus nos dá a possibilidade de nos reconciliar com Ele, aceitando nossa vida, pedindo o Seu perdão para vivermos como seus filhos. Ele se reconcilia conosco por meio do amor, e não condenando nosso pecado ou nos mandando para o inferno, como tantos legalistas "superiores religiosos", que se acham irrepreensíveis "vacas sagradas intocáveis", pregam condenando os irmãos.

Escutando e acompanhando tantos em direção espiritual, em confissões, percebo que o mundo, as pessoas, não precisam de nosso julgamento amargo e condenatório, de nossas palavras duras de correção. Elas precisam apenas se sentir escutadas, acolhidas, amadas e compreendidas; não precisam de lições de moral, de tantas palavras e catequeses, precisam, sim, da Palavra única e eterna de Deus!

Quantas vezes nós mais infernizamos a vida do outro do que deixamos nela um sinal de amor! Sabe por quê? Porque nos sentimos melhores e justos diante de Deus. Um dos passos para a cura interior é a reconciliação com Deus, que se expressa também no acolhimento. Porque Deus nos acolhe sempre!

Deus não nos obriga a nada, e nós também não deveríamos obrigar os irmãos a nada. O segredo fundamental para a cura interior é este: Deus me acolhe porque me ama, e, para me amar, Ele tem necessidade de me acolher sempre! Por isso Deus me perdoa sempre! E da mesma forma que Deus me reconcilia com ele, Ele quer que eu me reconcilie com aqueles que vivem comigo.

Para vivermos como reconciliados, é necessário amar, que significa acolher a pessoa, isto é, trazê-la para dentro de seu coração; é compreendê-la; é mostrar para ela que pode se jogar nos seus braços sem medo, sem ser julgada, sem receio de ser condenada, sem medo de ser excluída. É isso que a família, a comunidade cristã, deve ter como essência em si mesma a fim de poder ser reflexo do amor de Jesus entre os seus. Isso é também viver a reconciliação!

Recordo-me do que o grande padre Léo, fundador da comunidade Betânia, disse certa vez em uma de suas homilias na Canção Nova: uma das coisas mais bonitas e lindas

82 O Plano de Deus

que Deus tem dado à sua comunidade é a acolhida. Pois a sua maior alegria é quando uma filha da comunidade voltava para a casa, depois de ter caído ou recaído no pecado e na droga — não que ficasse alegre pela recaída, mas alegrava-se quando voltava para a casa, e ele dizia: "Mas por que volta? Volta porque sabe que será acolhida e amada, e não condenada".

Assim nós devemos ser: homens e mulheres de reconciliação. Deus age assim conosco, e, quando alguém volta, é porque sabe que será acolhido, amado. Deus nos acolhe e nos ama por pura gratuidade.

Quero lhe dizer, irmão, que quando tiver essa certeza, aconteça o que acontecer, poderá dizer para si mesmo: "Pequei, vivi muito tempo longe de Deus, caí no fundo do poço, estou agora com o coração como um lixo, ferido, sujo, destruído, longe de Deus, mas sei que posso voltar, porque tenho um Deus que me espera". Esse amor que o espera é o amor de Deus, amor que você recebe quando necessita. Amor de acolhida, de uma mão que se estende quando muitas o acusam. É esse amor que o cura, porque é o próprio amor de Deus que o ama do jeito que você é.

Em 2002, quando retornei para o Brasil depois de ter feito um ano de noviciado em Medjugorje, na Itália, estava com o coração muito ferido, de volta para um mosteiro do qual me desliguei. Na época, no quarto dia depois que havia retornado, fiz os votos temporários, e, no mês seguinte, fui para a casa de meus pais para ficar uma semana com a minha família. Eu estava feliz, mas muito machucado interiormente, e lá pude me sentir tão amado, tão acolhido, que os gestos de meus pais, suas palavras curaram meu coração ferido. No entanto, a maior demonstração do amor de Deus foi quando meu pai, que via a dor do meu coração, embora não lhe tivesse dito uma só palavra, me disse: "Filho, independentemente dos seus caminhos e das suas escolhas, nós, seus pais, sempre amaremos e esperaremos você, porque o amamos de verdade, e o acolhemos não com palavras como muitos, mas com gestos e verdade".

Desabei a chorar de amor por me sentir amado, e minha vontade era permanecer ali com eles. Contudo, eu voltei, ciente de que precisava retornar para concluir minha missão que ainda estava ali; parti, com a certeza de ser amado, sabendo que um lar de amor sempre estaria me esperando, me acolhendo e, independentemente de tudo, serei sempre um filho amado, desejado e querido em casa.

Com essa experiência pude ver quão importante é termos sinais de acolhida e de compreensão, pois, quando acolhemos o nosso próximo, imprimimos na sua alma o amor de Deus, que reconcilia cada alma consigo, fazendo com que, pelo amor, pela acolhida, cada um se sinta perdoado, amado e, assim, ganhe a libertação, e uma vida nova.

Acredito que todos nós, em maior ou menor intensidade, trazemos culpas, dores, pecados, traumas, frustrações, fracassos e decepções dentro de si. Confesso que não foram poucas as vezes em que senti tudo isso, e que por muitas vezes senti a dor de ter traído o Senhor com o meu pecado e por não ter sido tudo diferente, mas sei que Deus ainda quer me curar, que tem me curado por meio do Seu amor, que vem na oração, como através do outro, e age na minha vida. Da mesma maneira que quer agir na sua. Por essa razão, abra espaço para a reconciliação. Dê esse passo tão importante para viver o plano que o Senhor tem em sua vida.

84   O Plano de Deus

REFLEXÃO

Para nossa reflexão, quero compartilhar com você um testemunho de reconciliação:

Eu, uma jovem consagrada a Nossa Senhora, levava uma vida simples e de oração, tinha o olhar puro e sincero, imensamente feliz, sempre amparada pela imensa bondade do Senhor. Era responsável por diversos trabalhos junto com outros jovens dentro da igreja, lembrada pelas orações, pelos conselhos, pela amizade e pela doação aos meus, referência de força, alegria e pelo largo sorriso que constantemente abraçava as pessoas quando por mim passavam. Sempre fui rodeada por muitos amigos que eram verdadeiros anjos em minha vida e que sempre me emprestavam suas asas na caminhada, dava passos largos na fé, sempre quis ser parecida com Nossa Senhora e minha meta sempre foi a santidade, e com a ajuda de meu diretor espiritual me esforçava fielmente para alcançá-la.

Queria ser toda de Maria, e embora fosse uma menina de oração, o mal entrou em minha vida.

Certa vez, ao final de uma Santa Missa, encontrei uma amiga, acompanhada de outra menina, que tinha um olhar distante e apagado e seu semblante era triste. Eu rezava por ela e, mesmo sem entender, entregava sua vida nas mãos do Senhor, e daquele dia em diante brotou uma amizade.

À medida que nossa amizade foi crescendo, conheci, então, a vida dessa jovem: morava na favela, com pai alcoólatra e drogado, a mãe morava no trabalho para sustentar a família e os três irmãos, dentre os quais dois eram assaltantes e dependentes químicos e estavam presos. Um deles era viciado em sexo, e fazia de seu quarto um motel. Meu Deus! Quanta tristeza, não havia família, não havia alicerce, por vezes quando a mãe ia aos domingos para casa, levava sempre um olhar que denotava toda dor daquela vida triste, sofrida e sem paz e, ao chegar em casa, era recebida pelo marido com palavras ofensivas, agressões e muitas brigas. O lar tinha um ar pesado, cinzento, ofuscado, era um lugar sem vida e sem Deus. Percebi, então, que essa minha nova amiga era sozinha, mas levava uma vida digna, pois recebeu a graça através de uma amiga, que a presenteou com o que há de mais belo: a Eucaristia e, depois, os dons do Espírito Santo. Ela era a única luz dentro daquele lar atormentado, era a esperança de transformar aquelas trevas e constituir com seu exemplo a família que sonhara ter.

Tornamo-nos amigas, amizade esta alicerçada por Deus. Semeávamos a bondade e a palavra de Deus por onde passávamos. Era uma amizade bela, sem maldade, pura e simples, não tínhamos nada além do que um coração disposto. Quem nos via tinha a impressão de que éramos irmãs, por tamanha unidade, e dentro de nós havia esse sentimento verdadeiro de irmãs em Cristo.

Pouco a pouco aquela casa triste e sem vida foi sendo transformada em um verdadeiro lar, fruto de sua fidelidade e perseverança. O pai e o irmão começaram a trabalhar, um dos outros dois irmãos saiu da prisão e a mãe, quando ia aos domingos, conseguia levar com ela um sorriso, meio amarelado pelas preocupações, mas ele estava lá. O sol que vivia procurando frestas finalmente começou a invadir aquele lar. Aos domingos, brincávamos juntas, eles tinham a mim como uma segunda filha, de tão sadia e sincera que era aquela relação.

Certo dia, ao encontrar minha amada amiga, preocupou-me seu olhar assustado. Era nítido que havia chorado muito e estava inquieta. Quando me viu disse que precisava urgente conversar comigo. Então, nos apressamos para conversar; foi quando contou que era bissexual! Meu Senhor, que choque! Ela estava perdida e queria ajuda, pois durante todo aquele

86 O Plano de Deus

tempo me escondeu esse segredo por medo de eu não entender, me afastar e de perder o que tinha de mais belo e puro: nossa amizade.

Confesso que foi terrível, não sabia o que fazer, queria ajudar, mas também não sabia como, nunca havia passado por isso, Senhor! O que deveria fazer? Rezei em silêncio, prometi, então, que não abandonaria nossa amizade e que faria tudo que pudesse para ajudá-la a ser liberta. Começamos a orar nessa intenção, jejuava e oferecia pela cura dela. Tentei marcar horário com ela para ter direção espiritual, mas nunca dava certo, era impressionante! Fui atrás de psicólogos, psiquiatras, pessoas que oravam nessa intenção. Pedia sempre oração por ela, apresentava-a nas mãos do Senhor diariamente, mas Satanás é astuto e nos deu uma rasteira... Ocorreu que estávamos comemorando três anos de amizade e ela me seduziu e iniciamos um relacionamento homossexual.

Abandonamos todos os trabalhos na igreja, não íamos mais à missa. Quando eu ia, era por obrigação de meus pais, assim, afastamo-nos dos verdadeiros amigos. Em casa, eu mal cumprimentava meus pais e irmãos; era de tamanha rebeldia, que fomos cegadas pela fumaça de Satanás, não servíamos mais a Deus. Ao encontrar com amigos não conseguia nem sequer olhar em seus olhos e eles se assustavam, cobravam meu brilho no olhar, procuravam aquela menina filha de Maria, meiga, que transbordara alegria e bondade, mas encontravam apenas um vazio, um olhar apagado, uma moribunda. Eles me perguntavam o que estava havendo e eu sempre dizia que estava bem e que não havia nada.

Conheci um mundo mal, conheci pessoas más. Tudo que havia aprendido não era mais válido, estava com os olhos vendados, levava uma vida promíscua, pecava terrivelmente contra a castidade. Era horrível, era baixo, sujo, vazio. Eu estava jogada na lama, bebendo todo o vômito e a maldade de

Satanás. Sentia-me um lixo. Todas as vezes que saía da casa dela, uma tristeza profunda invadia meu coração. Eu não aceitava o que estava fazendo, sabia que não era certo, mas não queria deixá-la, ela precisava de mim.

Passaram-se os meses e cada vez mais eu ia morrendo. Andávamos com pessoas do mundo e a bondade antes aprendida não existia naquele meio. Satanás não brinca com a perdição, e ele nos joga sempre mais para baixo. Pois bem, eu virei a peça principal do jogo e aquela tão amada e estimada amiga que conheci não existia mais. Ela começou a mentir para mim. A reciprocidade, o carinho, o cuidado e o amor tinham acabado. Ela me colocava em situações ridículas, eu era exposta terrivelmente, gastava todo o meu dinheiro, não conseguia mais pagar minha faculdade, ela me humilhava na frente das outras pessoas, dava razão sempre ao que fosse contrário ao que eu dizia, saía com outras pessoas, me enganava, se fazia de vítima e, por fim, me obrigava a fazer com ela coisas que eu não queria.

Certa vez, ao sair de sua casa, em um sábado, estava arrasada pela lástima que chamava de vida, entre lágrimas rezava no meu interior: "Senhor, o que estou fazendo da minha vida? Por que estou vivendo assim, tudo aqui é dor, Senhor, não tenho mais nada, não tenho ninguém, não encontro quem olhe para mim. As pessoas são ruins, elas riem da minha cara, me chamam de trouxa, gastam o que eu luto para ganhar no trabalho. Virei um lixo humano, troquei minha vida por uma ilusão e agora estou sozinha". E eu passava em frente a uma igreja onde se cantava uma música que falava em milagres, ironicamente sorri e disse: "Por que não me ressuscita, Senhor"?

À noite, recebi um SMS do padre Fernando que dizia: "Nosso Deus é um Deus de segundas chances, de quantas necessárias forem e Ele quer nos ensinar a recomeçar, a dar a

88 O Plano de Deus

volta por cima e Ele é tão misericordioso que nos ensina através de nossos próprios erros, para que não os cometamos novamente, enfrentar a dor é encontrar o favor do amor de Deus". Foi o que me encorajou a mudar de vida.

No dia seguinte, domingo, fui à Santa Missa, era Páscoa. Nunca chorei tanto na vida, chorei de soluçar durante toda a missa. Era uma dor tão grande no coração! Eu desejava que aquele rio de lágrimas colocasse para fora aquele aperto, aquele vazio, aquela angústia e podridão. O celebrante era meu diretor espiritual e na hora da comunhão deu a bênção às pessoas que não puderam receber o Corpo de Cristo e, quando foi me abençoar, pediu-me que esperasse, que ele queria dar uma palavrinha comigo. Fomos ao confessionário, eu quase não conseguia falar por causa das lágrimas e, depois de oito meses, expurguei toda aquela sujeira interior, e meu diretor bradava dizendo: "Ressuscita! Vem para fora"!

A partir daquele dia saí da igreja decidida a mudar de vida. Confesso que foi um processo moroso, dolorido e complicado. Ela não queria me deixar partir, tentou se matar, urinava na cama, passava o dia chorando, fingia estar doente, ligava desesperadamente para eu não fazer isso. A mãe dela, mesmo depois de ter ciência de tudo o que ocorreu entre a gente, me ligava implorando para eu não abandonar a filha dela, dizendo que se ocorresse algo a culpa seria minha. Quantos ventos contrários. O cerco estava fechado. Foram inúmeras chantagens emocionais pesadas para eu não abandoná-la, mas eu estava decidida a voltar aos braços do Pai. Eu queria viver, não era justo eternizar naquele inferno. Troquei meu celular, mudei o caminho do trabalho, cortei todo e qualquer laço que me levava a ela.

Voltei a caminhar com a ajuda do meu diretor espiritual, renovei minha Consagração, retomei pouco a pouco minhas atividades no grupo de jovens, voltei a sorrir. Contudo, por

Reconciliação com Deus **89**

mais que tivesse a ciência de que havia recebido o perdão de Deus, eu não conseguia me perdoar, não conseguia olhar nos olhos do Senhor. Em minha mente sempre ficavam todas as ofensas que havia feito ao Meu Deus e... Que vergonha! Não aceitava aquilo. Foi quando recebi o convite do padre Fernando para fazer a cura interior. Senti o próprio Deus, como se quisesse me dizer algo e aceitei.

O Senhor não cansa de nos constranger com tamanho amor. No momento da cura interior o Senhor voltou com seu imenso amor em todas as áreas em que eu havia mais ofendido Seu coração. Ele me amou, mesmo suja, Ele me amou. No mais baixo do meu pecado, Ele me perdoou, trouxe-me situações de que nem eu mesma lembrava e me mostrou que Ele me perdoava e me fazia de novo. Ele foi até lá junto a Nossa Senhora quando eu pecava contra a castidade, me perdoou e devolveu minha pureza, nós voltamos lá e eu vi... vi que Ele estava lá comigo quando era humilhada, quando chorava baixinho nas noites frias e traiçoeiras, quando não tinha com quem conversar, quando chorava até adormecer e não tinha mais o desejo de viver. Ele segurou minhas mãos e me deu forças, já não estava mais sozinha, me mostrou pela unção do Espírito todas as pessoas que me fizeram muito mal e, assim como Ele me amava, perdoava e libertava, pedia que eu fizesse o mesmo.

Então, tive um sonho. E lá estava minha ex-amiga: blusa xadrez, calça jeans, sobre uma ponte e ao lado passava um córrego com água suja e muito lixo. Ela tinha um olhar distante e apagado e seu semblante era triste. Eu, mesmo sangrando ao vê-la ali e tudo o que acontecera, o ápice e o declínio de nossa amizade, concedi o meu perdão. Por fim, jamais vou esquecer, nitidamente o Senhor tirou de dentro d'Ele um coração e trocou pelo meu coração. Eu recebi um coração novo do Senhor, puro, adorante, sem marcas, sem

90   O Plano de Deus

manchas, sem dor; um coração livre para amar, e desde então não sou mais igual, consegui me perdoar por ter ido para longe e traído meu Senhor.

Hoje, sou uma nova pessoa, a mais feliz que poderia existir. Sinto Deus falando comigo o tempo todo, nas mais simples coisas. Ele me ressuscitou, me trouxe para fora, não desistiu de mim, devolveu minha paz e a alegria de viver. Voltei aos meus, devolvi a alegria à minha família. Confesso que já não sou como a menina de antes, pois hoje meu amor, meu louvor e minha gratidão são imensamente maiores; hoje vivo e viverei eternamente a serviço do meu Rei, mesmo com minhas imperfeições. O olhar e a graça do Senhor bastarão a cada dia. Não desejo mais nada e não busco mais nada além da face do Senhor.

Gratidão silenciosa e eterna ao Meu Deus, amado de minha vida, Santíssima Virgem que sempre teve a mim em seu colo; ao meu diretor espiritual, padre Fernando, meus amigos e minha família que nunca desistiram de interceder ao Pai do Céu por mim; essa vitória é nossa, para Glória de Deus Pai!

E peço aos olhos que lerem e aos ouvidos que ouvirem este testemunho que intercedam uma prece por essa menina que o Senhor conhece, para que ela volte ao verdadeiro amor e se abra à misericórdia do Pai.

Hoje me sinto perdoada, sinto que Deus me reconciliou com Ele, e eu me reconciliei com Ele, perdoei, e mais do que nunca quero a santidade.

Seu amor me constrange, Senhor.
De uma jovem amada por Deus

Termino este capítulo com a declaração de amor a cada um de nós por meio do diálogo de Jesus com a Alma pecadora, extraído do diário da Santa Faustina (caderno 5, p. 1.485):

Jesus: Alma pecadora, não tenha medo do Seu Salvador. Eu, o primeiro, tomo a iniciativa de Me aproximar, pois sei que não é capaz de elevar-se até Mim. Não fuja, filha, de Seu Pai, dispõe-se a dialogar a sós com o Seu Deus de misericórdia, que quer dizer-lhe palavras de perdão e cumulá-la com Suas graças. Oh! Como Me é cara a sua alma! Inscrevi seu nome nas Minhas mãos; você está gravada como chaga profunda no Meu Coração.

Alma: Senhor, ouço a Sua voz, que me conclama a voltar do mau caminho, mas não tenho coragem nem força.

Jesus: Eu sou a Sua força, Eu lhe darei poder para a luta.

Alma: Senhor, conheço a Sua santidade e tenho medo de você.

Jesus: Minha filha, por que tem medo do Deus de misericórdia? A Minha santidade não impede que Eu seja misericordioso para contigo. Olha, alma, para você fundei o trono da Misericórdia na Terra, e esse trono é o Sacrário, e dele desejo descer ao seu coração. Repara que não Me cerquei de séquito, nem de guardas. Tem acesso a Mim a todo momento, a qualquer hora do dia quero falar contigo e desejo conceder-lhe graças.

Alma: Senhor, não sei se me perdoarei tão grande quantidade de pecados; a minha miséria me enche de temor.

Jesus: A Minha misericórdia é maior que as suas misérias e as do mundo inteiro. Quem pode medir a extensão da Minha bondade? Por você desci do Céu à Terra, por você permiti que Me pregassem na cruz, por você permiti que fosse aberto pela lança o Meu Sacratíssimo Coração e, assim, abri para você uma fonte de misericórdia. Vem haurir graças dessa fonte com o recipiente da confiança. Nunca rejeito um coração humilhado. A sua miséria ficou submersa no abismo da Minha misericórdia. Por que teria que travar Comigo [uma

92   *O Plano de Deus*

disputa] sobre a sua miséria? Dá-Me antes o prazer de Me entregar todas as suas penúrias e toda a miséria, e Eu lhe cumularei com tesouros de graças.

Alma: Venceu, Senhor, o meu coração de pedra com a Sua bondade. Eis que me aproximo do Tribunal da Sua misericórdia com confiança e humildade; absolvei-me Você mesmo pelas mãos do Seu representante. Ó Senhor, sinto como a graça e a paz desceram à minha pobre alma. Sinto que a Sua misericórdia, Senhor, me envolveu toda. Você me perdoou mais do que eu ousei esperar, ou fui capaz de supor. A Sua bondade ultrapassou todas as minhas aspirações. E agora convido-Lhe ao meu coração, cheia de gratidão por tantas graças. Andei por ínvios caminhos como o filho pródigo, e Você não deixou de ser Pai para mim. Multiplicai em mim a Sua misericórdia, porque vê como sou fraca.

Jesus: Filha, não fale mais da sua miséria, porque já não Me lembro dela. Ouve, Minha filha, o que desejo dizer-lhe. Reclina-se em Minhas Chagas e haure da Fonte da Vida tudo o que seu coração possa desejar. Bebe abundantemente da Fonte da Vida e não desfaleça no caminho. Olha para os esplendores da Minha misericórdia e não tema os inimigos da sua salvação. Glorifica a Minha misericórdia.

Capítulo 6

O chamado de Deus

Assim como aconteceu com aquela jovem amada por Deus, Ele tem um jeito único de chamar cada um de nós. Como Ele nos conhece mais do que nós mesmos, sabe de nossa teimosia. No entanto, quando o Senhor elabora o plano de cada um, não há como fugir por muito tempo. É como se o chamado gritasse conosco exigindo que compareçamos onde é nosso devido lugar.

Recordo-me de que também descobri o chamado de Deus na minha vida que me reconciliava com Ele.

Em dezembro de 1996, após ter terminado quatro anos do curso técnico em Química, descobri que estava pela terceira vez com um tumorzinho que apareceu no meu lábio direito interiormente, e me deixou muito preocupado. Fui ao médico, ao cirurgião de cabeça e pescoço, em fevereiro de 1997, marcando a terceira cirurgia. Estava angustiado, triste com a vida, vendo-me tão jovem e doente, contudo prossegui o meu caminho, até que Deus interveio para me dar um novo horizonte.

No mês seguinte, março de 1997, tive a minha vida revirada por Deus, quando fui com um amigo ateu, na Avon, para tentarmos duas vagas de técnico em Química disponíveis.

94 *O Plano de Deus*

Como éramos muito amigos, e companheiros de ciclismo, faltamos no nosso trabalho, e fomos tentar as vagas.

Depois de um dia exaustivo de exames, retornando a Mauá, estávamos na Praça da República, indo para a estação da Luz para pegar o trem, quando meu amigo me disse: "Nandão, vamos almoçar, eu pago"! Nossa, que surpresa, ele era tão mão-de-vaca, que respondi na hora: "Vamos"! No entanto, no momento de entrarmos no restaurante, senti que não deveria comer ali, e, olhando ao lado, vi em uma esquina um carrinho de cachorro-quente, onde Deus mudou a minha vida!

Fomos, então, comer cachorro-quente, e meu amigo gostou, porque saiu mais barato... Contudo, quando chegamos ao carrinho, tive uma surpresa. Em cima dele, estava uma Bíblia, e logo pensei: "Caramba, agora essa evangélica vai tentar me converter"! (Pensei isso, porque tinha raiva de protestante, estava enjoado de todo domingo ser acordado por aquelas senhoras que não me deixavam dormir apertando a campainha para tentar vender suas revistas.)

De verdade, não demorou muito, antes mesmo de fazer o meu pedido, a evangélica se virou para mim e disse: "Filho, você é cristão? E sua mãe"? Eu lhe disse, já nervoso: "Sou, e minha mãe também"! Estava com raiva, pois estava me sentindo julgado, afinal estava vestido todo de preto, como um gótico, e pensava que ela estava tentando me converter!

Com naturalidade, segurando a raiva, disse: "Por favor, dois cachorros-quentes". Ela começou a preparar e se virou para mim com o pão na mão e me disse: "Filho, Deus tem um plano, um projeto em sua vida"! Comecei a rir, e disse: "É verdade. Agora o projeto de Deus na minha vida é comer este cachorro-quente"! Ela me disse: "Não, filho, Deus quer fazer de você um pastor de almas, quer que você leve o Evangelho a todos que encontrar, e você dará muito fruto"!

Escutei as palavras e disse: "Minha senhora, por favor, não vim aqui para falar de Deus, mas para comer o meu cachorro-quente, por favor, prepare-o"! Ela, então, disse: "Filho, você ainda não entendeu, Deus quer fazer de você um Pastor de almas, ele tem um projeto para você"! Eu me irritei e disse: "Vocês, evangélicos e protestantes, vivem dizendo: 'Deus tem um plano na sua vida!'. E, de verdade, eu acredito que Deus tem um plano na vida para todo mundo, mas por que a senhora não diz que Deus tem um plano na vida deste amigo meu ateu? Ela sorriu e disse: "Deus tem um plano na sua vida, agora é para você"!

Estava irritado, e disse: "Chega, minha senhora. Faça o cachorro-quente, senão vou embora"! Ela, com calma, me olhou nos olhos e disse: "Está bem! Já que você é cabeça-dura, Deus me manda lhe dizer que lhe dará três sinais para que saiba que é verdade: primeiro, a empresa onde trabalha irá falir na semana que vem; segundo, a sua namorada vai deixá-lo sem explicar por quê; terceiro, Deus vai curar o tumor que você tem na boca, e você não precisará fazer a terceira cirurgia já marcada".

Escutei essas palavras e tremi, fiquei mudo, pois perder o emprego e a namorada podia até ser uma dedução dela para um jovem da minha idade, mas saber do meu tumor não, ela não sabia nada da minha vida. Minha vontade era correr, sentia as pernas tremer, não sabia o que estava acontecendo. Ao me ver sem chão, ela disse: "Filho, agora que está calminho, Deus me manda lhe dizer..." e, antes de terminar, eu disse: "Não quero escutar mais nada". Eu estava desesperado por não saber o que estava acontecendo. Ela então me acalmou e disse: "Filho, depois que acontecer tudo isso, Deus lhe dará um novo emprego, em uma multinacional, Ele dará uma nova namorada, e uma graça especial, e você ficará livre para decidir como O servirá".

96 O Plano de Deus

Hoje brinco que pensei: "Tô ferrado, sem namorada, sem dinheiro, mas curado"! Pois um homem sem mulher e dinheiro está enrolado.

E ela me disse: "Depois que tudo isso acontecer, Deus vai chamá-lo para segui-Lo de uma forma mais íntima, mas vai deixá-lo livre. Ele lhe deu a liberdade, e respeita a decisão que tomar. Ele promete abençoá-lo em qualquer decisão, pois Ele tem um pacto contigo e não o abandona, mas promete que, se o seguir totalmente, terá uma paz enorme. Ele tem uma aliança contigo, e tudo o que fizer terá a bênção dele, e Ele quer que você O anuncie".

Engoli o cachorro-quente. Meu amigo ficou mais crente que eu, no que ela falou. Quando estávamos voltando para casa, fomos tomar o trem e ele só me falava: "Você viu o que ela falou"? Eu dizia: "Você é meu amigo, por favor, cala a boca, não quero mais falar disso"! Estava de saco cheio com a história, não havia digerido, queria ficar em silêncio para compreender o que estava acontecendo, e ele não me deixava, até que o deixei no vagão, e fui para o último a fim de ficar sozinho. No entanto, para minha surpresa, quando cheguei em casa, ele havia chegado antes e estava contando tudo para minha mãe, que dizia: "Nando, acho que ela estava tentando levá-lo para a religião dela"!

Respondi para minha mãe: "Não, mãe, ela me disse que era para eu voltar para minha Igreja e abrir o meu coração para o Espírito Santo e deixar ele agir em mim"!

Naquela noite, não consegui dormir, virava de um lado para o outro preocupado com o futuro, e queria falar com alguém. De manhã, cheguei à fábrica, olhava os rapazes que trabalhavam comigo, e pensava: "Se falar para esses perdidos o que aconteceu vão rir de mim"! Fui até o chefe do controle de qualidade, que era pastor, e disse: "Preciso falar urgente com você"! Ele me disse: "Entra, Fernandinho, e

O chamado de Deus   97

me conta o que está acontecendo"! Contei tudo e, depois de me ouvir, ele disse: "Viva a sua vida normalmente, se isso é vontade de Deus, vai acontecer"! Tudo o que eu queria era viver normalmente, e comecei a viver esquecendo de tudo.

Depois de uma semana, dito e feito, peguei o ônibus fretado da empresa, e quando cheguei à empresa, ela estava lacrada, havia falido.

Depois, na outra semana, fui à casa da minha namorada, havia comprado uma caixa de Ferrero Rocher de presente, mas ela me disse de repente: "Quero terminar com você". Eu lhe perguntava a razão, mas ela chorava e não me respondia. Até hoje não sei por quê. Depois se cumpriu a última profecia, acordei de manhã, preparado para ir para o hospital fazer a terceira cirurgia, e, quando fui escovar os dentes, cadê o tumor? Desapareceu, o Senhor Jesus havia me curado! Fui ao médico do mesmo jeito, e pedi para falar com ele. O médico me olhou e disse: "Não sei o que aconteceu, mas não vamos mexer em nada, fique em observação e, se o tumor voltar, retorne daqui duas semanas e o vejo no consultório".

Depois, o Senhor me deu um emprego em uma multinacional, e uma nova namorada... Contudo, entrei em uma crise enorme, pois não sabia do que se tratava tudo o que estava acontecendo comigo. Até que, um domingo à tarde, saí de casa sem rumo para pensar. Escutei o sino da Igreja tocar e resolvi, depois de anos, pisar na Igreja da Imaculada Conceição de Mauá, onde fui batizado e crismado. Lá dentro, não entendia nada do que o padre falava, contudo fiquei ali, e, no fim da missa, ao sair, sem eira nem beira, escutei risos, uma jovem olhou para mim e disse: "Você vem sempre aqui"? Eu disse: "De vez em quando". Ela me disse: "Gostaria de participar hoje do grupo de jovens"? Eu olhei para ela de cima a baixo, era uma linda morena. Ela sorriu para

98 O Plano de Deus

mim, e eu respondi: "Com muita alegria quero participar"! Ela sorriu e eu pensei: "Ganhei o dia".

No grupo de jovens, encontrei amigos que me ajudaram a entender o que estava acontecendo, até dar os passos de fé para seguir Jesus de um modo mais íntimo.

Deus não olhou a minha vida longe d'Ele, não me excluiu, pelo contrário, me amou e me chamou para estar com Ele.

Foi um ano de luta contra a minha vontade para fazer aquilo que pensava ser a vontade de Deus. Eu queria me casar, ter filhos, e sentia que Deus me chamava para segui--Lo de um modo mais profundo, embora me deixasse livre para constituir uma família.

Senti o chamado forte do Senhor em um domingo, quando cheguei atrasado à missa, e, ao entrar na igreja, escutei o padre proclamando o Evangelho: "Vem e segue-me"! Essas palavras ecoaram no meu coração, e fiquei inquieto. Encontrei também minha namorada lá, e, no meio da missa, olhava para ela, e depois para o sacrário, e me sentia dividido, devia fazer uma escolha. Voltando para casa, naquela noite, senti alguém passar por mim e dizer ao meu coração: "Fernando, vem e siga-me"! Sabia que era Jesus, então, caí de joelhos na rua e comecei a chorar.

Depois disso, tranquei a matrícula na faculdade de Química industrial e pedi para ser dispensado da fábrica. Quando o fiz, minha chefe me disse: "Você está louco! Lembre-se de que você entrou aqui para me substituir, estou indo para outra empresa, e não vou mandá-lo embora"! Ela discutiu feio comigo, e depois me perguntou: "Mas por que você quer ir embora"? Eu lhe disse: "Quero que me mande embora porque quero ser padre"! Aí ela começou a chorar. Primeiro briga e depois chora, vai entender as mulheres.

Fui mandado embora com todos os direitos e abonos. E depois veio o passo mais difícil: deixar a nova namorada.

No entanto, eu o fiz. E, então, fui para o seminário. A partir dali, o Senhor foi me conduzindo até chegar até você, por meio do livro que está em suas mãos.

Agora, eu lhe pergunto: "Está ouvindo o chamado de Deus"?

O Senhor nos sonda

Assim como a música diz, Deus conhece nossos pensamentos, passos, nossas palavras, e, mesmo no abismo, Ele continua nos amando. Quando falamos em chamado, automaticamente nos vem o silêncio. Afinal, a vida é tão barulhenta, que paramos de ouvir a voz de Deus. Precisamos de silêncio para encontrar a paz.

Deus nos concede esse tempo de deserto, na verdade, para nos refazer. Vejamos a própria vida de Jesus vivida no deserto. Durante o dia, Ele fazia o bem, e à noite, se recolhia e estava com o Pai. Jesus viveu trinta anos sem aparecer, recolhido à espera do tempo certo para, então, assumir três anos de missão. E foram três anos mais do que suficientes para quebrar todos os paradigmas, preconceitos e, principalmente, para nos libertar.

Em nenhum momento, o Senhor abandonou Seu filho. Quando digo que Deus nos sonda, quero lhe mostrar a onisciência do Pai. Enquanto nós, homens, olhamos um ao outro fazendo julgamentos e juízos, observando unicamente o estado exterior, Deus vai ao íntimo. Ele sabe toda a nossa história, sabe o que já fizemos e ainda somos capazes de fazer. Ou seja, a cada ato, a cada momento, nada de nossa vida passa despercebido ao olhar do Senhor.

Deus sabe até quanto estamos presos ao nosso pecado, quanto até muitas vezes desejamos mais o pecado do que a Ele, embora não quiséssemos que fosse assim. Deus sabe,

100 O Plano de Deus

sabe tudo o que se passa em nosso coração, sabe a dor que temos em viver com a nossa humanidade ferida pela mácula do pecado. Cada batida do nosso coração é um olhar do amor de Deus para nós, é o amor Dele batendo dentro de nós, é a Sua vida em nós.

Então, mesmo que queiramos fugir, diz a palavra, subir aos céus ou descer à região dos mortos, onde só há trevas, escuridão e pecado, é impossível sair do olhar de Deus. Mesmo que tomemos as asas da aurora, ou seja, caminhemos para o infinito, mesmo assim será a mão de Deus a nos levar. Porque toda nossa vida é conduzida pela mão do Senhor.

Deus vê as trevas que há na nossa vida e sobre elas lança um olhar de luz, para nos dar a oportunidade de ver também essa escuridão em nós, e ao mesmo tempo, ver o Seu amor que quer nos salvar.

Podemos perceber que nos momentos mais escuros de nossa vida, de maior escuridão, de maior pecado, Deus sempre nos lança um olhar de amor. Pois Ele é capaz de transformar toda a escuridão de nossa vida em luz, por mais que estejamos em meio às trevas. Se clamar pela luz, Ele fará disso a brecha para que Sua força nos ilumine, seja por meio de uma pessoa que vem em Seu nome para nos dar uma palavra, um carinho, um abraço, seja alguém que nos diz que nos ama, que nos quer bem. Alguém que nos estende a mão para levantar, para preencher a carência que há em nosso coração.

Quando olhamos para o futuro e nos vemos sem objetivo, sem rumo, e não encontramos sentido, não quer dizer que estejamos perdidos na vida, apenas não estamos enxergando o plano de Deus para nós. Precisamos de tempo e amadurecimento para identificar a maneira como Ele faz o Seu chamado.

— Você enxerga alguma missão preparada por Deus a você, mas para a qual não sente ser capaz de concretizar?

_____

_____

_____

Esse plano existe. Basta esperar, pois a mão de Deus nos levará até a resposta. Não precisamos ter a todo momento essa preocupação em ter um objetivo, um plano, pois o plano já existe e vai se desenrolar aos nossos olhos conforme os planos de Deus, no momento certo. Paciência. Esta deve ser a nossa palavra.

Não se trata de deixar de lutar, não sonhar, não planejar, mas sim, no meio do caos e do vazio, saber que a mão de Deus já desenhou o seu caminho. Se confiarmos nisso e seguirmos dia a dia um caminho de fé, teremos um caminho de luz, paz e realizações.

Entre em si mesmo

Vamos aprofundar na figura de um homem de fé — Abrão. Ele que ganhou um nome novo, Abraão, após uma forte experiência com Deus.

Abrão foi escolhido por Deus, dentre todas as tribos politeístas. Sendo ele monoteísta, acreditando em um Deus único, foi escolhido para fazer um caminho interior profundo para conhecer-se e a Deus de maneira plena.

É interessante que, no caminhar que faz Abrão, é o próprio Deus que rompe Seu silêncio. Deus transpassa o silêncio daquelas perguntas cruciais que Abrão carregava na vida. Perguntas sem respostas, como porque ele, já aos 75 anos, não tinha filhos.

102 O Plano de Deus

Não há idade ou tempo para Deus quebrar nosso silêncio ou nos chamar. Podemos ser jovens, adultos maduros, idosos... No tempo certo, Deus vira tudo de ponta-cabeça para nos fazer conhecer a nós mesmos e a Ele.

Deus nos faz experimentar o deserto, para nos questionarmos, para aprendermos a nos colocar no lugar do outro que sofre, para nos perguntarmos: "Mas, e se fôssemos nós naquele deserto? Saberíamos agir? Seríamos tão perfeitos? Tão seguros? Tão equilibrados"? Julgar é tão fácil quando o deserto não está em nós. E quando não estamos nele. O deserto serve também para isso. Para aprender a cair e levantar na instabilidade da areia. Na solidão do deserto. Na incerteza de não saber nem mesmo quem somos nós e como vamos reagir nas novas situações que Deus colocou diante de nós.

Deus rompe o silêncio do deserto de Abrão para mandá-lo a um deserto mais profundo, para responder aos seus questionamentos. Em Gênesis (12, 1-9):

O Senhor disse a Abrão: Saia de sua terra, do meio de seus parentes e da casa de seu pai e vá para a terra que Eu lhe mostrarei. Eu farei de ti uma grande nação e o abençoarei; engrandecerei o teu nome, de modo que ela se torne uma bênção. Abençoarei os que te abençoarem, amaldiçoarei os que amaldiçoarem. Em ti serão abençoadas todas as famílias da terra.

Abrão partiu como o Senhor lhe havia dito. E Ló foi com ele. Abrão tinha 75 anos ao partir de Harã. Ele levou consigo sua mulher Sarai, seu sobrinho Ló e todos os bens que possuía, além dos escravos que havia adquirido em Harã. Partiram rumo à terra de Canaã, e ali chegaram. Abrão atravessou o país até o Santuário de Siquém, no carvalho do Moré. Nesse tempo, os cananeus habitavam essa terra.

O Senhor apareceu a Abrão e lhe disse: "Darei esta terra à sua descendência". E Abrão ergueu ali um altar ao Senhor que lhe tinha aparecido. De lá, deslocou-se em direção ao monte que fica a leste de Betel. Ali armou suas tendas, tendo Betel a Ocidente e Hai ao Oriente. Também ali ergueu um altar ao Senhor e invocou o Santo nome do Senhor. Depois, de acampamento em acampamento, Abrão foi até o deserto de Negueb.

É interessante o Senhor chamar Abrão quando ele tem 75 anos. Ele, que já é um homem maduro, não tinha o fogo de um jovem, de um adolescente que tem aquela força, aquela garra para trabalhar. E esse Deus que chama Abrão na sua maturidade, o chama a uma maturidade ainda maior, a um caminho ainda maior a ser feito.

O Deus que chama Abrão é uma divindade que ele ainda não conhecia, que chamava de Elohin. Essa divindade vai se revelando a Abrão aos poucos, e pede que parta de seu lugar rumo a uma terra prometida, Canaã. Hoje, Canaã é conhecida como a terra de Israel, a qual tive a graça de conhecer e da qual trouxe um belíssimo conjunto de cálices com os símbolos dos pães partidos, no milagre da multiplicação dos pães.

Abrão segue a voz do Senhor, que o manda partir. E Deus, vendo Abrão seguir sua voz, faz com ele uma aliança e uma promessa. Deus pede a Abrão que deixe sua terra e vá para a que Ele mandar. Que terra é essa? Abrão também não sabia.

Na língua hebraica esse "vai", "parte", é uma palavra chamada *Ler Herar*, que, traduzindo literalmente, quer dizer: é conveniente, Abrão, que entre em si mesmo primeiro, no seu coração e depois parta, ou seja, uma passagem interior primeiro, para depois se tornar exterior.

Portanto, um caminho de descoberta de si para um caminho de descoberta de Deus em sua vida e em seu coração. Deus prepara Abrão à descoberta da sua vontade que se

104 *O Plano de Deus*

manifestará na voz interior de seu coração, e por isso lhe pede para partir para dentro de si. Deus não pede apenas um partir de um lugar geográfico para outro. É muito mais que isso. O deserto de Abrão é partir para dentro de si, para estar preparado para partir exteriormente, onde Deus lhe entregará uma nova missão.

Deus pede a Abrão para deixar tudo aquilo que conhece. Seu mundo de pastor. Seu mundo de nômade. O lugar onde ele vivia, sua terra, sua tribo, seus relacionamentos de nômade, sua família, os pastos que conhecia, suas cadeias de amizade, enfim, sua segurança. Tudo.

Abrão assim o faz e recebe um nome novo, Abraão, que significa pai de uma multidão de pessoas, pois esta será a sua nova missão daqui para a frente. Ele será pai, gerará, mesmo que aos olhos humanos seja estéril; Deus será maior que a esterilidade que o impedia de ser pai.

E esse *partir* de Abrão, esse *Ler Herar*, nos ensina que Deus quer desalojar o homem de si mesmo. Desalojar o homem do seu comodismo, porque, quando o homem se acomoda, ele não progride. O pior é quando o homem pensa ser Deus, ou representa a vontade de Deus para os outros, deixando o poder religioso subir à cabeça porque possui um título eclesial. Nesse caso, Deus o desaloja com o sofrimento, para quebrar sua arrogância e vaidade, para que aprenda a ser instrumento e não se servir da autoridade a fim de manipular os simples em nome de Deus.

Deus quer que o homem entre em si mesmo, e que veja o mundo e a si mesmo de outra maneira, para poder mudar. Deus quer que o homem se transforme. É lógico que as mudanças custam, mas uma vida sem mudanças é uma vida morta. Nós não crescemos.

Impossível passar por um deserto e não mudar; não sair dele mais forte, com cicatrizes que traduzem a história de

O chamado de Deus 105

nossa vida e nos trazem a lembrança do vivido. Impossível passar pelo deserto sem um aprendizado, sem ficar com as solas dos pés mais preparadas para caminhar em solos pouco amigáveis, com menos medo das mudanças e com mais certeza de que as dores são superáveis mesmo que deixem o coração sangrando por um tempo.

Se não fazemos o caminho interior de transformação de nossa dor e amargura em alegria e paz, vivida no Senhor, teremos nosso coração semelhante a algo que apodrece com o calor e é arrastado pelo peso da vida, com suas correntes de escravidão na areia, deixando uma trilha de infelicidade no caminho que percorre. Temos de fazer dessa travessia exemplo vivo da presença de Deus em nós e conosco. Exemplo da força que Ele nos dá. Exemplo da transformação que Ele é capaz de fazer em nós.

Os mais antigos dizem que a vida traz amargas experiências, que ela joga sonhos e projetos ladeira abaixo. Colocam o homem e a mulher no desapontamento de si mesmos e até dos outros, daqueles que amam. Isso pode até ser verdade, mas uma coisa é certa: a vida nos dá chances de recomeçar, e a escolha de como a vivemos é nossa, e cada escolha tem seu preço, tem seu fruto.

E o que será que nos aprisiona em nós mesmos? Quais os ídolos que há em nosso coração que precisam ser destruídos, que nos fazem perder força no abandono de nos entregar ainda mais nessa confiança de partir em nome de Deus? No abandono total. Para um amor maior ao Senhor?

Abrão é chamado a fazer esse caminho. Um caminho duro, que muitas vezes custa, como nós sabemos, o sangue da alma.

E Abrão, então, parte da cidade em que estava, atravessa o deserto, para chegar a uma terra prometida. Passa por milhares de dificuldades no seu deserto, símbolo de um movimento profético, que também fez o Cristo, de sair de cidade em cidade, para o encontro do deserto, que nada mais é do que o movimento da consciência que também faz e fez o próprio povo de Israel mais tarde, para buscar o único Deus.

Podemos dizer que Abrão vai rumo a uma Jerusalém espiritual. Do Norte ao Sul, de Harã a Canaã. E quando Abrão começa a caminhar, creio que ele passava por muitas dificuldades. Muitos o achavam louco, seguindo uma voz que ninguém sabia quem era. No entanto, ele se deixava ser louco por Deus. E nós devemos nos deixar sermos também loucos por Deus, ouvindo a voz de Deus.

Abrão não sabia, até aquele momento, quem ele era aos olhos de Deus. Ele não sabia qual era sua identidade, ele não sabia ser o pai de uma grande missão, de uma grande nação. E é nessa caminhada, no tempo da prova, para depois adquirir a promessa, que ele vai descobrir quem é em sua essência.

— Que caminho o Senhor deseja que você faça? Para onde o Senhor quer que você parta?

_____

_____

_____

Contemple as estrelas

O Senhor que vem ao encontro de Abrão, o nosso pai da fé, para lhe dar esperança, para ajudá-lo a contemplar o seu futuro. E Deus pede a Abrão que pare de olhar para as coisas deste mundo, e coloque o seu olhar no céu.

É também um chamado a cada um de nós. Contemplar as estrelas. Olhar para Deus, deixar de olhar para as coisas de baixo que nos tiram a esperança, e começar a colocar o nosso olhar no céu, em cima, na fé.

O chamado de Deus 107

Depois desses acontecimentos, o Senhor falou a Abrão numa visão: "Não temas, Abrão, Eu sou o Seu escudo, Seu protetor, e Sua recompensa será muito grande".

Abrão questiona o Senhor sobre o que ele receberá em troca, pois ele não tinha descendentes. Deus, então, promete que Abrão teria tantos filhos quanto as estrelas que é capaz de contar. E disse: "Eu sou o Senhor que o fez sair de Ur dos Caldeus, para dar a terra em posse". E Abrão lhe perguntou: "Senhor Deus, como poderei saber que eu vou possuí-la"? E o Senhor lhe disse: "Traze-me uma novilha de três anos, uma cabra de três anos e um carneiro de três anos, além de uma rola e de uma pombinha". Abrão então atendeu ao pedido, e cortou os animais pelo meio, menos as aves, dispondo as respectivas partes na frente uma da outra. Quando o Sol se pôs e a escuridão chegou, apareceu um braseiro fumegante e uma tocha de fogo que passaram por entre as partes dos animais esquartejados.

Naquele dia, o Senhor fez aliança com Abrão dizendo: "Aos seus descendentes darei esta terra, desde o rio do Egito até o grande rio, o Eufrates. A terra dos quenitas, cenezeuz, cadmoneus, heteus, ferezeus, rafaítas, amorreus, cananeus, gergeseus e jebuseus".

Abrão, diante do caminho que o Senhor lhe chamava a fazer, diante da promessa que não chegava, diante do pó e da areia, da dureza da vida, que comia todos os dias, também se questionava. Será que valia mesmo a pena seguir aquele caminho? Será que Deus o havia esquecido? E por que ele se sentia tão inseguro?

Deus permite o silêncio das incertezas na vida de Abrão. Deus permite o crescimento na fé na vida de Abrão. Deus promete a Abrão a fortaleza. Deus permite a sua incerteza, a sua insegurança, a sua solidão, para o seu crescimento, para

108   *O Plano de Deus*

que experimente a potência do Seu amor! Deus quer a força de vontade de Abrão. Assim como quer ver a sua.

No entanto, o Senhor é fiel, e cumpre Sua promessa àqueles que aceitam o chamado. E, por mais que sintamos medo, Deus é a nossa proteção! Contemple as estrelas, contemple a promessa de Deus na sua vida.

É como o Salmo 36, que diz: "Aquele que confia no Senhor em toda sua vida, com certeza o Senhor agirá. O Senhor age em quem confia n'Ele".

Deus não diz a Abrão quando nascerá seu filho prometido, mas, diante de seu clamor, Ele lhe diz imediatamente para sair e contemplar suas estrelas. Assim, se você quer ver a promessa de Deus em sua vida, saia da sua tristeza. Deus lhe dá hoje o poder de sair da tristeza e o manda olhar para o céu, para o alto e contemplar as estrelas. A promessa.

Deus chama Abrão a contemplar as estrelas à noite! Para que Ele aprenda não só a confiar, mas a se entregar. Já observaram como a noite é linda? Na noite, o barulho se cala e dá lugar ao silêncio que nos permite fechar os olhos, respirar lentamente, ir lentamente nos aproximando do amor do Pai. Ele está sempre nos esperando, com calma, paciência, esperança de que um dia nós nos entreguemos ao Seu amor. E essa entrega total não pode ser em meio às buzinas dos carros ou à violência do trânsito, ou à correria dos horários apertados entre levar um filho para a escola e correr para o trabalho. À noite, conseguimos nos entregar totalmente ao Pai e ao amor de Nossa Senhora, e ali conseguir dar a Ele o nosso pacto de amor.

Não existe nada de mais belo que um céu estrelado, infinito, que traz com o tempo o brilho do amanhecer. Assim, a fé de Abrão, após esse ato delicado e lindo de Deus, torna-se uma fé real, uma fé presente para acontecimentos futuros, para a realização da própria promessa do Senhor. Ela dá

O chamado de Deus   109

esperança ao coração de Abrão que enche e arde de amor, para continuar assim a sua missão, o seu caminho.

Então, quando a sua dor for grande, o pensamento vazio, sem esperança, contemple as estrelas, olhe para o grande, Deus faz coisas grandes, e faz coisas grandes também em você. Deus fez um pacto com Abrão e lhe fez uma promessa. E Deus quer hoje fazer um pacto com você.

O anúncio da promessa

Vimos que Abrão recebeu um lindo chamado, aquele de contemplar as estrelas, olhar para o céu, sair de si mesmo, de sua tristeza, amargura, e olhar para o alto. Contar o número das estrelas que for capaz. Sabemos que o céu à noite é lindo, pois, mesmo na escuridão, a luz se faz iluminar por meio das estrelas e como Deus é grande.

Deus fez a promessa a Abrão que, assim como as estrelas, essa seria sua descendência. É claro que Abrão não era capaz de contar todas as estrelas do céu, como nós também não somos capazes de contar os feitos do Senhor em nossa vida, e tudo aquilo que Ele pode fazer por nós.

Depois, o Senhor pediu a Abrão outra coisa, que fizesse a circuncisão de seu filho e de si como uma prova dura de amor e fidelidade, ou seja, cortar a pele do prepúcio, que, para o homem, causa uma dor muito grande.

Deus nos pede algumas circuncisões da carne, ou seja, situações que nos colocam diante de uma dura prova e testam a obediência da nossa fé. Para que a promessa de Deus se cumpra na nossa vida, nossa obediência é fundamental.

– Qual é a dura prova que o Senhor lhe coloca?

110 *O Plano de Deus*

– Qual é a circuncisão que o Senhor lhe pede? Na sua alma, no seu coração ou na pele?

_____

_____

_____

Ao longo de nossa vida, Deus nos faz muitas promessas do acordar ao deitar. Encontros, desencontros, alegrias, desde pequenas promessas, como grãos de areia, que somadas constroem castelos em nossa vida, até grandiosas, como filhos, vocações. Fazer as circuncisões é provar nosso amor a Ele. E, no fundo, sabemos que esses pedidos de mudança e transformação são de fato necessários.

Deus não é um patrão nem um carrasco que quer o nosso sangue e sofrimento, ele não é um ídolo, é Deus, é amor, e pede uma prova de amor que se reverterá para nós, para o nosso bem, para nos ajudar a sermos d'Ele. Deus quer que sejamos felizes. Quer que sejamos salvos. Quer que sejamos livres. E pronto.

Se lermos a Bíblia e compararmos com a nossa vida, vemos que situações e fatos milenares se repetem todos os dias, e que precisamos estar atentos para aprender com eles.

Em Gênesis (capítulo 18), Abrão teve uma visão do Senhor. Ele viu três homens que lhe fizeram um anúncio: dali um ano, Sara e Abrão, mesmo já com a idade avançada, teriam um filho. Os três homens fizeram a refeição e partiram. Sara não podia acreditar em tal promessa, mas para o Senhor nada é impossível!

Aqui podemos ver uma realidade bíblica de valor grandioso. Existem os três homens, que é a prefiguração teológica já no Antigo Testamento da Santíssima Trindade. No entanto, esse não é o ponto principal do texto. O primordial é que existe uma manifestação da divindade para Abrão.

Para consolar e para trazer a notícia. A notícia de que o seu presente está próximo. Na aparição de Mambré, em que ocorreu a manifestação, podemos ver dados importantes.

São três anjos, apresentados como homens, que aparecem a Abrão, no entanto, usaram o singular para se referir a eles. Abrão reconheceu naqueles três homens a própria manifestação de Deus, porque ele estava com os olhos abertos para ler os sinais de tudo aquilo que acontecia ao seu redor.

Esses homens misteriosos, vendo um homem impotente, que era Abrão, e uma mulher frígida, Sara, anunciam a promessa de um parto. E diante da risada e desconfiança de Sara, eles fazem a pergunta: "Por que riu, Sara? Existe alguma coisa impossível para o Senhor"?

Não podemos criticar o sorriso ou a dúvida de Sara. Quantas vezes não duvidamos do poder de Deus de agir em nossa vida? Quantas vezes não damos um sorriso descrente quando alguém nos diz que tudo vai dar certo, no meio de uma tempestade? Isso não quer dizer que não temos fé, quer dizer que somos humanos e temos nossos dias de Sara, porém, não podemos fazer disso nossa característica.

Ser como Abrão é abandonar-se nas mãos de Deus. Confiar na promessa por mais impossível que pareça ser. "Para Deus nada é impossível", não pode ser apenas um ditado popular a ser repetido aos outros como um consolo, deve ser uma verdade a ser acreditada como algo natural na vida. Crer no impossível de Deus. E rir com Ele.

Quando o primeiro filho de Abrão e Sara nasce, eles o chamam de Isaac, o sorriso de Deus em hebraico, para mostrar que, todas as vezes que o homem obedece ao Senhor, recebe uma promessa, que é sempre o sorriso de Deus na vida do homem. Como a frase que ouvi certo dia, a fé é igual a um sorriso de duas faces que se encontram: uma é a minha e a outra é a de Deus.

112   O Plano de Deus

A fé é, então, esse caminhar na certeza do sorriso de Deus. Aquele que veio ao encontro de Abrão cumprindo a sua promessa. Depois de tanta espera e dor, Deus no deserto promete uma resposta, uma promessa, um sorriso de alegria no rosto endurecido pelo sofrimento interior do coração de Abrão que via a sua vida fracassada e destruída.

E quantas pessoas assim como Abrão têm muitos sofrimentos, um rosto sofrido pela desilusão de seus sonhos não realizados, pela dor do coração destruído pelos acontecimentos da vida? A você, quero lhe dizer: deixe-se banhar pelos raios do Sol, e tenha vida, esperança em Deus, que lhe quer bem. Não perca a esperança de ser feliz e de amar!

Quero dizer ainda que, embora na nossa vida tudo pareça difícil e complicado, existe uma promessa. E quando caminhamos na promessa do Senhor, embora demore, Ele permanece fiel a ela. A Promessa foi lançada na vida de Abrão, a promessa de Deus está sendo lançada agora em seu coração!

Aceite o chamado plenamente

Para o último tópico deste capítulo, quero continuar em nossa jornada pela história de Abrão. Abrão recebeu a graça de ser pai e, depois de tudo o que ele havia passado, Deus lhe coloca uma nova prova. Ele pediu que Abrão entregasse o próprio filho como sacrifício.

Quando chegaram ao local indicado por Deus, Abrão ergueu ali o altar, amarrou o filho e o colocou sobre a lenha do altar. Depois estendeu a mão e tomou a faca a fim de matar o filho para o sacrifício. No entanto, o anjo do Senhor gritou do céu: "Abrão! Abrão"! E ele respondeu: "Aqui estou"! E o anjo disse: "Não estendas a mão contra o menino. Não lhe faças mal algum. Agora sei que temes a Deus pois não me recusastes teu filho único".

O anjo ergueu os olhos e viu um carneiro preso pelos chifres em um espinheiro. Pegou o carneiro e o ofereceu em holocausto no lugar do filho. Abrão passou a chamar aquele lugar de "O Senhor providenciará". Hoje se diz: "No monte em que o Senhor aparece".

O anjo do Senhor chamou Abrão pela segunda vez do céu e lhe falou: "Juro por mim mesmo, Abrão, oráculo do Senhor, já que agistes desse modo, não me recusastes o teu filho único, Eu te abençoarei e tornarei tua descendência tão numerosa como as estrelas do céu e como as areias da praia do mar. Teus descendentes conquistaram as cidades dos inimigos, por tua descendência serão abençoadas todas as nações da terra, porque tu me obedecestes".

Irmão, sabemos que em hebraico esta é uma grande dramatização. Abrão tem seu coração dilacerado com essa cena, principalmente quando escuta a voz do filho tão amado, Isaac, dizendo: "Pai, temos a faca, o fogo e a lenha. Mas onde está o sacrifício"? Abrão, que estava com seu Isaac pequeno, menino; Abrão que ensinou a Isaac tudo aquilo que ele sabia; Isaac que era tudo para Abrão. E agora Abrão é chamado por Deus a sacrificá-lo em holocausto, que era o sacrifício mais doloroso, mais sofrido que havia.

Abrão não sabe como, mas é a sua resposta. Diante da ordem de Deus, Abrão se cala. Abrão não pergunta nem por quê nem para quê. O mesmo Deus que o chamou, o mesmo Deus que lhe prometeu, o mesmo Deus que lhe deu aquilo que desejava ao seu coração, o mesmo Deus que lhe deu a alegria de viver, que era a sua posteridade, que era o seu Isaac, a sua promessa cumprida, aquilo que o seu coração sempre desejou e quis, agora é o mesmo Deus que pede para Abrão sacrificar tudo aquilo que lhe deu, não em qualquer sacrifício, mas em holocausto, sacrificar seu sonho realizado.

114 O Plano de Deus

Deus pede tudo a Abrão! É realmente uma prova dura. É de enlouquecer. Como pode um Deus pedir algo tão difícil? Algo tão duro? Para sacrificar uma vida? Toda a vida? Não só a vida do menino, mas a própria vida interior de Abrão. Abrão não tinha palavras, porque Abrão também não compreendia aquela situação.

Deus pede tudo para deixar Abrão sem nada no coração. Para poder dar tudo novamente, como veremos. Este é conhecido pelos rabinos como o segundo chamado de Abrão. Na tradição judaica é chamado de Aquedá, que se traduz como os dois corações ligados, a ligadura de corações, a amarração, a costura dos corações de Abrão e de Isaac, os dois corações ligados ao coração de Deus, de um Deus que pede a maior prova de fé de Abrão. Confiar totalmente em Deus.

Deus providenciará.

Eu sei que Deus não pede esses sacrifícios por crueldade, pois Deus não é um Deus cruel. Não pede os holocaustos para que soframos, mas pelo contrário: para evitar sofrimentos maiores.

Ao nos entregarmos a Ele, entregarmos nossos Isaacs, amados, que tantos esperamos, estamos Lhe dando a prova de amor que Ele precisa para concluir a aliança e permanecer nos dando suas promessas, mas Deus não conhece nosso coração? Não sabe que nós o amamos? Então para que a prova de amor? Não é uma prova apenas. É um pacto de amor, entre nós e Deus, em que Lhe entregamos algo que O tira do centro de nossa vida, por ser tão especial, que em nosso sentir humano, parece preencher nosso coração e nossa vida, para poder nos centrar em Deus novamente.

Centrados em Deus, estamos salvos de nos perder e de perder até mesmo esse Isaac de nossa vida. Deus, na verdade, faz isso para nos abrir os olhos e dizer: Olha! Não se apegue

O chamado de Deus **115**

desse jeito a algo ou alguém! O apego vira posse, a posse vira dependência, e a dependência traz a sensação de que não viveremos sem aquela pessoa ou aquela situação, aquele emprego, aquele objeto, aquela pessoa tão especial, e aí vem o medo, a insegurança, o pânico, sentimentos que não temos quando Deus está no centro de nosso coração com o Seu amor.

No entanto, até entregarmos nosso Isaac, e aprendermos que precisamos entregá-lo para podermos amá-lo para sempre, temos uma longa caminhada no deserto, pois, ao olharmos para o lado, nem sempre vemos de imediato um carneiro pendurado pelos chifres em um espinheiro, e fica a sensação de que teremos realmente de matar o nosso Isaac.

Há uma interpretação rabínica, uma Midrash, que diz que, naquele momento em que Abrão amarra o menino e coloca fogo na lenha, ele levanta a faca e desafia Deus dizendo: "Senhor, eu fui obediente a ti até agora! Devo sacrificá-lo, mas antes Tu deves me dizer e deves me escutar. Então, agora, Senhor, me escuta e me responda". E Deus escutará toda a dor de Abrão indignado com o seu pedido e responderá.

Há um filósofo e escritor dinamarquês cristão do século XIX, Soren Kierkegaard, que diz: "Do momento no qual Deus pede a Abrão para sacrificar Isaac, Abrão se torna velho. Pois, o que é se tornar velho? Tornar-se velho não é ver o tempo passar. Contudo, é viver algo que você não poderá nunca mais esquecer. É viver ainda algo que o lacera a alma em mil pedaços de um modo que a sua vida muda para sempre".

Abrão está disposto a sacrificar Isaac. Não só em seu coração, mas está disposto a ser julgado como um monstro por seu próprio filho.

Soren Kierkegaard também diz: "Cada um se torna grande à medida que a ousadia e a espera o fazem grande e tornam possível que Deus possa agir em sua vida".

116 O Plano de Deus

Foi o que Abrão fez. Deixou a sua inteligência terrena e ficou apenas com a sua fé. Pela sua inteligência terrena era impossível fazer aquele ato.

E depois desse pedido do Senhor, Abrão não raciocina mais com a lógica humana, com o cálculo. Dou isso para receber aquilo. É impossível agora ele usar a razão. Abrão crê e confia, ele faz um caminho de fé. É o caminho que o Senhor me pede e lhe pede.

Abrão poderia se revoltar contra Deus, mas, nesse momento de sua vida, quando cai nos seus projetos humanos, é chamado apenas para reorganizar a vida, seu sonho, a colocá-lo agora na ótica de Deus.

E isso é um exemplo de fé. No momento que Deus pede o nosso Isaac, aquilo que amamos, como pediu a Abrão, somos chamados a descobrir um dom maior, o de dar o primado absoluto a Deus.

Deus quer se tornar Deus na vida de Abrão, Ele quer ser o Senhor absoluto de nossa vida e nós começamos a confiar em Deus total, desesperadamente, somente quando O tivermos. Porque sabemos que nenhuma força humana poderá tomar nossa vida a de Deus. Nem mesmo quando alguém lhe disser que isto ou aquilo é impossível a Deus. Sua fé, nossa fé, nossa adesão nos dirá o contrário.

Assim, nenhum sacrifício é muito duro quando se ama a Deus e quando Ele o quer para nós. Devemos nos recordar de que, se as provas vêm, não são duras porque Deus assim o quer. Elas ocorrem para podermos entender que, se sacrificamos aquilo que amamos, sacrificamos para um amor maior, que é o amor de Deus. Para buscar um amor maior, sacrificar aquilo que não se ama é fácil. Agora, sacrificar aquilo que amamos, é difícil, mas é por um amor maior.

O chamado de Deus   **117**

— Qual é o amor maior que Deus pede para sacrificar para que Ele se torne o amor maior?

_____

_____

_____

Há uma Midrash rabínica que diz que Abrão só pode sacrificar seu filho Isaac porque o amava com toda a alma e todo o coração. E quando Deus lhe pergunta: "Abrão, você ama Isaac"? Abrão, então, lhe responde: "Eu O amo ainda mais, Senhor"! E Deus então lhe diz: "Somente agora pode sacrificar Isaac a mim, Abrão".

Essa Midrash nos ensina que só podemos sacrificar a Deus aquilo que amamos. Grande e verdadeira é a fé de Abrão. Porque ele deu tudo aquilo que possuía.

Assim, irmão, quero concluir que Deus pediu o sacrifício de Isaac a Abrão porque Isaac era tudo a Abrão, era o seu grande amor. E quando Deus vê que temos um grande amor em nosso coração que aos poucos o preenche de tal maneira que tira até Deus do centro, ou seja, um amor de apego, Deus nos pede para sacrificá-lo.

REFLEXÃO

Para encerrarmos este capítulo, quero trazer a você o Salmo 138:

1 Ao mestre de canto. Salmo de Davi. Senhor, vós me perscrutais e me conheceis,

2 sabeis tudo de mim, quando me sento ou me levanto. De longe penetrais meus pensamentos.

3 Quando ando e quando repouso, vós me vedes, observais todos os meus passos.

118   O Plano de Deus

4 A palavra ainda me não chegou à língua, e já, Senhor, a conheceis toda.

5 Vós me cercais por trás e pela frente, e estendeis sobre mim a vossa mão.

6 Conhecimento assim maravilhoso me ultrapassa, ele é tão sublime que não posso atingi-lo.

7 Para onde irei, longe de vosso Espírito? Para onde fugir, apartado de vosso olhar?

8 Se subir até os céus, ali estareis; se descer à região dos mortos, lá vos encontrareis também.

9 Se tomar as asas da aurora, se me fixar nos confins do mar,

10 é ainda vossa mão que lá me levará, e vossa destra que me sustentará.

11 Se eu dissesse: Pelo menos as trevas me ocultarão, e a noite, como se fora luz, me há de envolver.

12 As próprias trevas não são escuras para vós, a noite vos é transparente como o dia e a escuridão, clara como a luz.

13 Fostes vós que plasmastes as entranhas de meu corpo, vós me tecestes no seio de minha mãe.

14 Sede bendito por me haverdes feito de modo tão maravilhoso. Pelas vossas obras tão extraordinárias, conheceis até o fundo a minha alma.

15 Nada de minha substância vos é oculto, quando fui formado ocultamente, quando fui tecido nas entranhas subterrâneas.

16 Cada uma de minhas ações vossos olhos viram, e todas elas foram escritas em vosso livro; cada dia de minha vida foi prefixado, desde antes que um só deles existisse.

17 Ó Deus, como são insondáveis para mim vossos desígnios! E quão imenso é o número deles!

O chamado de Deus   119

18 Como contá-los? São mais numerosos que a areia do mar;
se pudesse chegar ao fim, seria ainda com vossa ajuda.

19 Oxalá extermineis os ímpios, ó Deus, e que se apartem
de mim os sanguinários!

20 Eles se revoltam insidiosamente contra vós, perfidamente
se insurgem vossos inimigos.

21 Pois não hei de odiar, Senhor, aos que vos odeiam?
Aos que se levantam contra vós, não hei de abominá-los?

22 Eu os odeio com ódio mortal, eu os tenho em conta de
meus próprios inimigos.

23 Perscrutai-me, Senhor, para conhecer meu coração;
provai-me e conhecei meus pensamentos.

24 Vede se ando na senda do mal, e conduzi-me pelo
caminho da eternidade.

Deus conhece nosso interior mais do que nós mesmos.
E Ele nos chama para que possamos crer com cada vez mais
confiança, pois Ele reserva promessas grandiosas a nós. Apro-
veitemos as reflexões que fizemos e oremos:

Senhor Deus, sonda o meu coração e se aproprie da verdade
mais profunda que há dentro dele. Quero apenas me apresen-
tar como me encontro, e pedir que tenha misericórdia de mim.
Com o Seu amor, que possa me dar a Sua salvação e me tecer
para o céu. Que toda dor, todo sofrimento e todas as incompre-
ensões me preparem para o paraíso.

Senhor, tenha piedade de mim, minha vida está em Suas
mãos, tudo em mim é obra Sua. Sou criado para a Sua glória,
embora nem tudo o que fiz e faço seja para a glória de Seu
nome. Contudo, Senhor, tenha misericórdia de mim e me dê a
Sua salvação, pois creio que a Sua misericórdia supera a minha

120   O Plano de Deus

fraqueza, e Seu amor supera a minha infidelidade. Não deixe que eu perca a vida eterna.

Perdoe-me, Senhor, e cure as chagas causadas pela culpa de ter sido infiel à Sua palavra. Por ter permanecido no pecado e me colocar no exílio do Seu amor. Dai-me forças para enfrentar este novo momento e esperança para viver Seu milagre de libertação.

Senhor Jesus, peço que arranque de mim toda incredulidade e me ajude a entender que minha vida pertence somente aos Seus planos. Faça hoje uma promessa para mim, pois quero contemplar o céu e olhar na escuridão da nossa noite a Sua luz, e encontrar o sentido para ainda viver.

Amém!

parte 3

Os Passos para a Cura

Assim como os sete dons do Espírito,
a cura é alcançada por meio dos sete
estágios da intimidade com Deus.

Capítulo 7

Entender o tempo de Deus

Na concepção cristã, o tempo e a eternidade estão totalmente entrelaçados pelo simples fato de Deus, do Eterno, se fazer homem, inserido em um mundo sujeito às limitações temporais.

Deus se fazendo homem entra no nosso tempo cronológico, dos segundos, dos minutos, e o transforma em tempo de Graça, em Kairós. Desse modo, a eternidade está totalmente presente no tempo presente no qual vivemos, e à medida que vivemos de acordo com o Eterno, no tempo presente, vivemos a plenitude, vivemos a vida na Graça, vivemos em Deus.

O Apóstolo e evangelista João diz: "E o Verbo estava em Deus, era Deus e se fez Carne" (João 1, 1). Podemos perceber que são João nos introduz a dinâmica do tempo, mostrando que Deus, ao se encarnar e se fazer homem, assumiu a nossa humanidade, e fez de nosso tempo o tempo da salvação, dando-nos a possibilidade de, a todo momento, voltarmos para Ele, sermos d'Ele, aceitar a Sua salvação, a Sua vinda, aceitando a nossa história de vida, e voltando para Ele.

Quando vivemos o nosso tempo, com a consciência de que ele é a ferramenta para nos encontrarmos com Deus,

Entender o tempo de Deus **123**

nós o aproveitamos e o tornamos sagrado, pois, com a consciência, faremos tudo o que está ao nosso alcance, entendendo que tudo depende de Deus, e, assim, fazendo tudo com Ele, para que Ele faça tudo conosco e por nós. E não cairemos no risco da superficialidade espiritual e da indiferença.

Quando passamos a viver o tempo como algo eterno, a nossa concepção da vida muda, a nossa maneira de olhar as coisas ao nosso redor muda, pois estaremos vivendo em Deus, mergulhados no Seu pensamento, e assim em Deus, na Sua visão, teremos um novo olhar sobre a nossa vida, sobre o nosso passado, presente e futuro, pois nos veremos em Deus, como Deus nos vê.

Viver o tempo com a consciência de que estamos vivendo em Deus, com Deus e por Deus, é a chave para curar a nossa vida, para ver nela, e em tudo o que vivemos a presença do Senhor, que de algum modo nos amou em cada situação concreta de abandono, de sofrimento, de angústia, de solidão... Deus ali estava, mas nós não O víamos, porque não estávamos vivendo na Sua presença.

É belo também notar que Deus tem um tempo para cada coisa, e nos dá tempo para resolvermos com Ele a nossa vida. Cada dia é uma nova oportunidade de tempo dado por Deus para vivermos de um modo diferente. Cada dia é um presente de Deus para nós. Podemos viver o dia que Deus nos dá com o olhar de dom e alegria, ou como peso e tristeza.

Lembremos que Deus tem uma pedagogia para nós no Seu tempo, e sabe o tempo certo de agir em nossa vida. Às vezes, as coisas demoram a acontecer, não porque não seja vontade de Deus, mas porque Ele quer de nós uma maior decisão, uma maior escolha, quer também nos fortificar e nos fazer crescer na fé.

Seja como barro nas mãos de Deus

Refletimos bastante sobre a história de Abrão, que teve sua fidelidade a Deus testada da maneira mais dura possível àquele homem que tanto amava o filho. No entanto, Deus, que é bondoso e generoso, surpreende Abrão ao lhe fazer uma grande promessa: sua descendência será mais numerosa que as estrelas do céu.

A única coisa que Deus quer de nós é que Ele seja o primeiro em nosso coração. Por isso, nos testa tantas vezes e pede que façamos sacrifícios ao longo de nosso caminho.

Quero agora meditar com você um texto do profeta Jeremias, capítulo 18, no qual se diz:

> A palavra do SENHOR, que veio a Jeremias, dizendo: Levanta-te, e desce à casa do oleiro, e lá te farei ouvir as minhas palavras. E desci à casa do oleiro, e eis que ele estava fazendo a sua obra sobre as rodas, como o vaso, que ele fazia de barro, quebrou-se na mão do oleiro, tornou a fazer dele outro vaso, conforme o que pareceu bem aos olhos do oleiro fazer. Então veio a mim a palavra do Senhor, dizendo: Não poderei eu fazer de vós como fez este oleiro, ó casa de Israel? Eis que, como o barro na mão do oleiro, assim sois vós na minha mão, ó casa de Israel.

Irmão, essa passagem é belíssima, porque nós somos chamados hoje a descer na casa do oleiro e a contemplar essa cena junto com o profeta Jeremias. Nela, o oleiro é Deus e o barro somos nós.

O oleiro pega a terra, que é a matéria-prima, coloca um pouco de água e a transforma em barro. O barro não serve para nada se não for trabalhado; pelo contrário, ele apodrece, cheira mal. O oleiro coloca o barro que tem em mãos sobre um torno. Ele centraliza o barro com cuidado, pois tem um

Entender o tempo de Deus **125**

projeto a ser feito, enquanto o torno roda, e posiciona a mão por dentro do barro, furando a massa, dando forma com o toque suave das mãos, de modo a modelar aquilo que antes não tinha forma.

O oleiro molda de dentro para fora, puxando a massa do interior para o exterior, mostrando que Deus nos pega em nosso sofrimento, com tudo aquilo que vivemos, e trabalha a partir de nosso interior. Afinal, Deus sabe que deve, primeiro, cuidar de nosso coração para que nos seja possível encontrar a paz.

Deus nos faz passar pelo processo do cozimento do barro, ou seja, passamos pelo fogo. Trata-se da provação, que tem por finalidade nos purificar e nos tornar mais resistentes. É só assim que conseguimos viver plenamente conforme a vontade do Pai. Ele quer nos brindar com o amor maior, aquele que transborda e faz com que renasçamos por e para Ele.

Por essa razão, é preciso permitir a entrega ao Senhor para que Ele molde seu coração, cure suas feridas, restaure seu viver e supere as chagas do passado. Quando nos tornamos barro nas mãos de Deus, aceitamos o tempo d'Ele, que sabe a importância profunda de cada experiência para que tenhamos efetivamente a libertação de nossas trevas e o sentimento pleno de amor.

A obediência à voz de Deus

Deus nos dá diretrizes claras para sairmos do buraco escuro no qual nos encontramos. Nesse ponto, é preciso, então, meditar sobre a vivência prática do caminhar com Deus: a obediência.

Nossa jornada em busca da superação das dificuldades e dores é o modo de aprender a sermos obedientes à voz do Senhor. Assim foi com o povo de Israel, quando Deus o mandou

126 O Plano de Deus

para o deserto, e também conosco, em nosso deserto pessoal. Este é um momento de autoconhecimento, crise e formação, ou seja, como se estivéssemos no processo de cozimento do barro.

A prova da obediência é, sem dúvida, uma vitória para os fortes. Para os fracos, pode se tornar um tempo de morte. Como se os covardes se encaminhassem para um cemitério, desistindo da luta, por cansaço e desespero. Assim, temos de saber o que estamos de fato plantando para nosso futuro, onde estamos colocando nosso coração e suas intenções para sabermos o que esperar na hora da colheita.

O Salmo 126 diz: "Aqueles que em lágrimas semeiam, ceifarão em alegria". A obediência é o que faz a promessa se cumprir. Pois entendemos que não existem meias palavras nem podemos manter um pé no mundo enquanto o outro procura o reino dos céus. Temos de abdicar de nós mesmos e dos consolos humanos, mesmo que isso signifique passar por cima da própria vontade e do próprio vazio.

A verdade é que ou caminhamos para a frente obedecendo à voz de Deus, ou caminhamos para trás escutando o mundo. E quando escolhemos a segunda opção, só vem dor, sofrimento, perda do horizonte e todas as consequências de nosso pecado.

A obediência é um compromisso que nos exige perseverança, força, decisão, a escolha de sermos de Deus. Afinal, é fácil caminhar quando tudo vai bem e tudo está calmo em nossa vida; difícil, porém, quando só comemos areia e pó.

Essa é justamente a crise que o fiel deve enfrentar. O mesmo aconteceu com um homem bíblico, filho de Abraão, Isaac, o sorriso de Deus, de quem falamos anteriormente. Ele recebeu de Deus uma promessa e duas obediências.

Na primeira obediência, Deus disse a Isaac: Não desça para o Egito. E na segunda: Procure estabelecer-se na terra que Eu lhe indicar. Vamos aprofundar o texto e ver o que isso significa para nossa vida.

Entender o tempo de Deus **127**

No livro de Gênesis, capítulo 26, a Palavra descreve um tempo de grande fome quando Isaac teve uma visão do Senhor. Nessa visão, Deus lhe fez um pedido e assegurou que jamais abandonaria a descendência de Abraão. Isaac, então, fez conforme o Senhor lhe pediu. Cresceu, seus bens aumentaram continuamente e ele se tornou um homem muito rico, com muitos rebanhos de ovelhas, bois e numerosos escravos.

A ordem do Senhor para Isaac foi clara. No tempo da crise, da fome, quando Isaac não tinha mais o que comer, na miséria extrema, quando devia partir daquela terra, tomar a sua família e ir embora, Deus lhe dá uma ordem contrária a tudo o que humanamente Isaac pensaria.

A Palavra significa para Isaac e para nós: não busque outra solução. Não fuja do seu problema. Não se esconda dele. Não perca seu sonho. Não faça aquilo que você quer. Não aja da maneira mais fácil, da maneira racional. Aja em nome da promessa da fé.

Diante do que Deus lhe pede, Isaac obedece, contra toda a racionalidade. Pode ser, irmão, que, neste momento, Deus esteja lhe pedindo algo que o faz permanecer na fome, seja interior, de carinho, de proteção, de felicidade, de algo que a sua alma necessita, seja física, em nome da promessa... Não importa. Permaneça na promessa que Deus lhe fez.

Permaneça na promessa que Deus lhe fez de fazê-lo feliz no seu matrimônio, na sua vida religiosa, mesmo que agora você se encontre em crise, pois o Senhor fará o seu coração feliz. Ele saberá lhe dar a alegria, a paz e o amor diante dos compromissos que assumiu com Ele, porque somente Ele é capaz de matar a fome de seu coração.

A segunda ordem que Deus dá é que procure a terra que lhe foi preparada. Ou seja, a solução do problema não está em sair de um lugar e ir para outro por conta própria, tomado por impulso, mas na sua atitude interior de mudar seu coração

128   *O Plano de Deus*

numa obediência fiel àquilo que o Senhor lhe diz, confiando na palavra que vem do alto em vez de buscar aquilo que você quer no plano imediato — e nem sempre é o melhor.

Deus quer dizer a Isaac: "Permaneça nesta terra, dê frutos onde você está, porque Eu transformarei este seu deserto em um pomar. Eu sou capaz de fazer isso. Não desanime! Lute! Não jogue a toalha no meio da luta! Continue! Insista. Creia, confie, espere". É o que Deus diz para Isaac e para você. E qual é a resposta? A obediência. E qual a sua resposta? Pense nisso. Qual a resposta que você oferece a Deus quando Ele lhe pede algo que parece loucura aos olhos dos homens?

Isaac escuta a voz de Deus. Escutar significa obedecer. Escutar não com o ouvido, mas com o coração. E por isso Isaac prospera, vê milagres, torna-se rico, seu plantio dá frutos, tem tudo em abundância. Porque obedeceu, recebe a bênção de Deus.

A obediência a Deus é um ponto muito difícil na vida cristã. Queremos ouvir nosso coração, queremos realizar nossos sonhos, queremos, queremos, queremos, até que um dia vem Deus e nos diz: "Calma, espera, confia, paciência, o que é seu está traçado por Mim e acontecerá no tempo certo".

No entanto, que dor, nessa espera, nesse caminho, enquanto não seguimos o que nosso coração ou nossa razão diz, mas, sim, o que Deus nos apresenta sem ver a promessa se concretizar. É agora que vamos decidir: temos fé? Amamos a Deus? Estamos dispostos a sonhar os sonhos d'Ele? Na teoria parece tão fácil responder, mas, quando o deserto está em nós, a obediência talvez seja a maior prova de amor a Deus que podemos dar.

Para que Deus possa encher nosso coração com os Seus sonhos e tudo que vem em nossa vida seja bênção e paz, devemos ter só Ele como nossa consolação, abandonar as consolações humanas. Deixá-Lo nos conduzir para que, dando tudo a Ele, recebamos tudo.

Por isso, pare de fugir! Espere a resposta de Deus e Suas providências. Espere a solução do Senhor e, sem desanimar, olhe para a frente e caminhe naquilo que Deus deseja. Pois assim a vida vale a pena!

— O que você está disposto a fazer para fortalecer a aliança de obediência a Deus?

A libertação de toda angústia

Na busca pelo essencial, as provações fazem com que lutemos não só pela sobrevivência física, mas também pela interior. Pois, quando estamos em equilíbrio nos afastamos da depressão e do desespero. Então, o grande desafio é conseguir balancear tudo, vivendo no limiar da condição humana sem explodir ou cometer alguma loucura, segurando-se a cada momento, respirando fundo e recomeçando, sempre buscando forças em Deus.

Usemos agora o exemplo de Moisés. No livro do Êxodo, vemos a missão de Moisés: libertar os escravos do Egito. Para isso, ele teve de encontrar a si mesmo, forjar a própria alma a fim de descobrir ou entender qual a sua verdadeira missão.

Moisés passou por quarenta anos de deserto e, embora desejasse apagar seu passado nas areias do Egito, a verdade é que Deus lhe oferecia a chance de libertar-se interiormente do que escravizava seu coração e lhe fazia mal, aprendendo a viver tranquilamente com a própria história.

Moisés, que fazia parte do clã de Jetro, descobre que o faraó Ramsés II havia morrido e seu sucessor era cruel e maligno. Nesse ponto, embora Moisés achasse que havia

130 O Plano de Deus

deixado o Egito de lado, aquela nação sempre esteva presente em sua consciência. O mesmo acontece conosco. Quantas vezes não queremos esquecer e ignorar as feridas não cicatrizadas com o estigma do "Nisso eu não mexo mais"? Contudo, para Deus tudo é necessário para a construção do novo eu.

A vida de Moisés era, então, feita de uma mesma rotina: mesmos horários, mesmos afazeres... A pedagogia de Deus para ensiná-lo a confiar, pois, como pastor de gado, Moisés aprendeu a esperar a chuva para o crescimento da erva, aprendeu a buscar novos pastos, a interpretar os sinais da natureza que não conhecia.

Contudo, naquele momento ideal, quando Deus entra na vida de Moisés, após todo o aprendizado e a decisão de buscar pela vontade de Deus, ele é capaz de guiar-se não pelos seus medos, mas pelos seus desejos.

Deus ensinou no deserto muitas coisas que Moisés não conhecia; até uma linguagem espiritual, para poder interpretar sua nova vida. É interessante notar que Deus o ensinou a obedecer e a se submeter até às leis da natureza, para depois dar o primeiro passo em direção ao mistério que se cumpre quando ele se libertar de si mesmo e da presunção da própria suficiência. Acolhendo no mesmo abraço o limite de si mesmo aprendido no deserto, para poder ir além de si mesmo.

Até esse ponto, passou-se quarenta anos de deserto, de pastoreio, de vida nova e, num dia comum, enquanto Moisés conduzia o rebanho, próximo de Sennai, eis que ele vê uma sarça, um espinheiro pegando fogo sem se queimar. Moisés treme e vai ao seu encontro, pensando: "Vou me aproximar. Como essa árvore queima e não se desintegra"? Ali acontece o grande sinal de Deus.

Moisés, então, não percebe que era tocado naquele momento por algo sobrenatural, por um espetáculo vindo das mãos de Deus, que nada mais era que uma isca d'Ele para

Entender o tempo de Deus **131**

falar com Moisés, para dar-lhe a missão e resgatá-lo do seu deserto fadigoso.

No livro do Êxodo (3, 1-5) está:

Moisés se aproxima de uma sarça em fogo, e escuta a voz: "Moisés, Moisés...", era a mesma voz que havia chamado Abraão, e, como Abraão, Moisés responde: "Eis-me aqui". E a voz lhe dizia: "Não se aproximes, tire antes as sandálias, pois onde pisas é uma terra Santa. Eu sou o Deus de Abraão, Deus de Isaac, Deus de Jacob. Eu observei a condição de meu povo no Egito e decidi libertá-los e dar-lhes a terra que prometi a Abraão, Isaac e Jacob. Por isso, volta ao Egito e fazes Israel sair de lá. Eu estarei contigo. Não temas"!

Que "paulada" recebe Moisés! Ele, que corria de seu passado como um medroso e achava que nunca mais mexeria naquela casa de abelhas, que era o Egito, é chamado pelo Senhor a colocar a mão no enxame. E após aquele homem ser chamado pelo nome, ele escuta: "Tire as sandálias, pois a terra onde pisas é Santa"! Moisés é chamado pelo nome. E o que significa tirar as sandálias? No mundo bíblico, quer dizer que Deus chama Moisés não mais na própria vontade. Deus quer dizer: "Quer saber a minha vontade sobre a sua vida? Quer saber o que eu quero contigo? Tire as sandálias". Ou seja, as sandálias eram para o pastor a segurança, o que o protegia dos animais, dos espinhos, do calor da areia.

Assim também é a nossa vida. Enquanto não nos despojamos de nossas falsas seguranças, de nossos apegos, não recebemos a missão de Deus.

Para Moisés, a manifestação de Deus foi completamente inesperada. Deus apresenta-se a ele e lhe pede algo que parece impossível: enfrentar o homem mais potente e terrível de toda a época, o faraó, em nome do Senhor.

132   O Plano de Deus

Neste momento, eu tomo a liberdade de lhe fazer a pergunta:

— A que passado você deve voltar? A que Egito você deve voltar? Qual é o faraó que você deve enfrentar para encontrar a verdadeira liberdade?

_____

_____

_____

Claro que Moisés duvidava da própria capacidade, assim como nós duvidamos de sermos capazes de enfrentar muitas vezes nosso passado. Do mesmo modo como talvez você duvide de que seja capaz de enfrentar a resposta que deu à pergunta anterior. No entanto, a força vem de Deus, pois Ele é Javé, a libertação, a chave para a libertação. Ele é a ação de graça desse povo e de toda a humanidade; a garantia da fidelidade e do amor.

Quando Deus se revela a Moisés, e agora a você, Ele revela a Sua potência de amor, que não o desamparará na presença de faraó algum. Aquele que estará sempre contigo, ou melhor, Aquele que não o desampara nunca, mesmo diante do seu opressor.

Em uma leitura espiritual, podemos entender que Deus quer que possamos também sair de tudo o que nos escraviza, em nome de Deus que caminha e combate a nosso favor.

É interessante notar que, como Moisés, todos nós temos um momento da vida no qual Deus nos joga uma isca para nos "pescar", para nos aproximar d'Ele e sentir Sua presença concreta, Seu companheirismo, Seu impacto em nossa vida, Seu agir. Cabe a nós deixarmo-nos ser fisgados por Ele.

Assim como o povo do Egito que aguardava anos pela libertação, perguntamos a Deus: "Por que não nos liberta"?

Entender o tempo de Deus **133**

Porque, da mesma forma que Ele estava preparando Moisés, Ele está nos preparando.

Deus também tem um plano traçado para nós, com a nossa missão, um plano de felicidade. Contudo, para que se concretize, temos de estar abertos para Deus, nos deixar fisgar por Ele e aceitar seu plano. A nossa resposta está na história de Moisés: Você quer ser livre?

Que, assim como Moisés, você enfrente o seu faraó e cumpra a missão que Deus lhe preparou. O homem escravo não encontra a felicidade e não consegue servir a Deus. O que você escolhe hoje: voltar ao seu passado e ser curado de seus medos, enfrentando os seus fantasmas, ou viver com o jargão: "Do mesmo jeito que era, será"! Deus quer entrar, mudar o seu coração e curá-lo.

REFLEXÃO

Volte para o Egito e resolva todas as suas angústias. Não tenha medo de voltar ao passado, à dor, encare-a, convide Jesus a voltar contigo em cada dor e em cada problema a ser resolvido.

Neste momento, eu o convido para um mergulho profundo em oração a fim de descobrir a liberdade:

Senhor Jesus, quero lhe entregar meu coração, que normalmente é desobediente à Sua voz. Cura meu coração desviado pelo pecado e me dá a força que vem por meio do Espírito Santo para que eu possa decidir interiormente fazer e viver a Sua vontade, sem ficar protelando para amanhã aquilo que o Senhor me pede.

Sabe quanto sou fraco, por isso, tenha misericórdia de mim. Se eu ainda não consigo ter a força da decisão que teve Isaac,

134   O Plano de Deus

que soube ir contra toda a racionalidade para obedecer a Sua palavra, me ajude a lutar contra o mundo, contra mim, a minha racionalidade, o pecado, para escutar a Sua voz.

Por Suas santas chagas, Sua paixão, liberta minha vontade que ainda é escrava, e a faça submissa ao amor, lava-me interiormente no Seu sangue e me dê, neste momento, todas as graças necessárias que preciso para ser Seu e caminhar na Sua vontade e O servir.

Senhor Jesus, neste momento que me chama para voltar ao Egito, onde fui escravo, oprimido, injustiçado, deixei tantas dores e tantos problemas mal-resolvidos para trás, quero Lhe dizer que tenho medo de lá voltar e enfrentar o meu faraó, mas quero, sim, contando com a Sua graça, despojar-me e tirar as minhas sandálias em Sua presença. Quero entregar minhas seguranças humanas e apresentar a Jesus meu coração, que sangra por uma chaga que tento em vão ignorar.

Senhor Jesus, quero voltar a essa situação de dor e sofrimento e ir ao encontro das pessoas por quem fui ferido ou feri para poder me reconciliar e encontrar a paz. Sei, Senhor Jesus, que diante delas não devo me justificar, mas acolher também o que elas têm para me dizer, e dar o perdão que me liberta e as liberta para uma vida nova.

Senhor Jesus, quero voltar ao meu passado para não ter pendências, pois sei que, enquanto tiver algo mal-resolvido em minha vida, enquanto tiver alguém que precisa do meu perdão, sou eu que não partirei em paz em meu coração.

Senhor, ajuda-me a voltar às minhas lembranças e nelas deposita Seu amor.

Amém!

Oremos com amor e confiança a oração que o próprio Senhor Jesus nos ensinou, pedindo a cura do nosso coração: Pai Nosso...

Capítulo 8

Acreditar que Deus não o abandona

Muitas pessoas, ou até muitos de nós, talvez tenham um grande sentimento de solidão, se sintam sozinhas, abandonadas, mas isso é normal?

Deus nos criou por amor e para estarmos em relação com as pessoas — e isso é bíblico. E quando Deus cria tudo, o homem Adão, como um ser humano, não encontra em toda a criação outro ser correspondente a ele. E isso quer dizer que o trabalho pode dar muita satisfação, podemos possuir, administrar, mas o coração não estará tranquilo enquanto não estiver com alguém que o complete, pois ele não se basta sozinho.

Assim, o fato é que não há nada igual ao homem, e, quando ele encontra algo igual a ele, encontra a felicidade e se completa.

O motivo da maioria dos casais viver infeliz é que não compreende ainda que eles estão juntos porque não se bastam a si mesmos, e precisam se completar no outro, que também não se basta a si mesmo. Contudo, embora ambos sejam frágeis, são criados para se completarem, para se doarem, para pensarem mais no outro do que em si mesmos.

O homem reclamava a Deus por não ter nada igual a ele, e isso diz algo importante para nós: diz-nos que a solidão

136 O Plano de Deus

não é feita para nós nem nós para a solidão. Temos a necessidade ontológica de estarmos unidos, de nos completarmos; o homem e a mulher têm medo da solidão, porque o homem e a mulher são feitos para a relação, para o contato, para o carinho, para a compreensão, pois não há nada que possa sossegar o coração do homem diante da solidão. Nosso próprio Deus é trindade, não é solidão; são três pessoas, que são tão unidas entre si, que formam apenas um único Deus.

O homem é imagem de Deus, e Deus é comunhão, é trindade, assim a solidão não é um bem, porque o homem é relação; a sua natureza é constituída sobre a ajuda recíproca. Isso não é Psicologia nem Sociologia, está na Bíblia.

Em Gênesis (2, 21-22), lemos:

> Então o Senhor Deus mandou ao homem um profundo sono; e enquanto ele dormia, tomou-lhe uma costela e fechou com carne o seu lugar. E a costela que tinha tomado do homem, o Senhor Deus fez uma mulher, e levou-a para junto do homem.

É belo notar que o homem dorme e não assiste à criação do outro ser, da fêmea, da mulher; isso para dizer que o macho não tem propriedade sobre a mulher, para dizer que ela é um mistério para o homem, pois, se ele visse a sua criação, se acharia totalmente conhecedor dela. Enquanto ela é um mistério para o homem, ele é chamado a conhecer o mistério com o seu esforço e com a sua sensibilidade.

O problema de muitos casamentos é que o homem se preocupa com tantas coisas, menos em conhecer a sua esposa. Conhece todo o seu corpo, mas não conhece o seu coração. E isso acontece muito com os namorados, que, antes do casamento, têm relações pré-matrimoniais, se conhecem fisicamente, mas não são educados a conhecer o coração, os sentimentos, as emoções, só em um olhar.

Muitos dormem juntos e não sabem com quem dormem. É uma pena que os casais hoje tenham pouco tempo até para si e são um grande enigma um para o outro, pois, se ambos não criam espaços para si mesmos, tornam-se estranhos dentro da mesma casa.

Gostaria de dizer que não existe o homem e a mulher de vossa vida, é você quem escolhe o seu companheiro, diante das possibilidades que surgiram no seu caminho, embora a mão de Deus sempre conduza todas as coisas, se você orar e crer.

A solidão é algo que está dentro de cada um de nós, e isso pode ser positivo desde que nos leve a fazer a unidade, a buscar o outro para estar em relação. Contudo, devemos saber que o outro também possui um desejo de relação, que o outro também possui um vazio dentro de si, e que esse vazio meu e do outro só pode ser preenchido pelo amor de Deus.

O amor de Deus que preenche nosso coração pode ser visível por meio do outro, mas nunca é total, pois somos frágeis, e tentamos ser sinais de amor para o outro, mas nem sempre somos. O matrimônio é uma resposta à solidão, mas não significa que seja a única resposta eficaz, pois há muitas pessoas que, mesmo sem um cônjuge, se encontram e se preenchem no relacionamento com seus amigos, pais, irmãos, e ali encontram o amor de Deus que preenche seus corações.

Tudo isso para dizer que Deus sabe das necessidades do ser humano, e por isso jamais o abandona. Acredite, irmão, o Senhor encaminha as coisas no seu caminho para que você encontre o amparo e a companhia que seu coração tanto pede.

Jesus está sempre ao seu lado

Quando iniciamos nossa jornada, não temos ideia do que vamos passar. Esperamos coisas boas de Deus e, quando nos deparamos com os problemas e imprevistos, questio-

138 O Plano de Deus

namos. É assim mesmo. O ser humano cresce, aprende, descobre e se lembra de Deus nos momentos de aflição.

O grande apóstolo Paulo, na sua carta aos Romanos (12, 12-21), nos diz: "Alegrai-vos na esperança, sede pacientes na tribulação, perseverai na oração; Comunicai com os santos nas suas necessidades, segui a hospitalidade; Abençoai aos que vos perseguem, abençoai, e não amaldiçoeis".

São Paulo convida-nos a sermos pacientes nas tribulações, ou seja, saber sofrer em cada situação que nos machuca, e não nos rebelar contra ela, e perder a esperança de que as coisas podem mudar.

Deus quer nos dar coisas boas, Deus nos ama, e o fato de as coisas saírem de nosso controle não significa que Deus não nos ama, mas que muitas situações e realidades fazem parte da nossa vida e fogem de nosso controle e entram no grande mistério da vida.

Caro leitor, tomo a liberdade novamente de lhe perguntar:

— Como você enfrenta as situações de tribulação na sua vida, sozinho ou com Deus?

_____

_____

_____

— Você sabe esperar o tempo de Deus? Confia n'Ele?

_____

_____

_____

Não tenha dúvida de que há um Deus que o ama. Não é Ele quem se afasta, mas a humanidade. E depende da escolha individual a reaproximação. Deus nos conhece tão bem que não questiona as razões de nossos tropeços. Ao contrário dos relacionamentos humanos, que são cheios de desconfiança, Ele confia e espera, aceitando-nos sempre de braços abertos, para nos amar de forma plena. Ele nos coloca no Seu coração, onde não há perguntas, só respostas, as quais receberemos no tempo certo. Por isso, não pergunte antes do tempo, pelo contrário, espere no Senhor. Com fé.

Deus quer a nossa felicidade! Ele olha para nós e sorri. Você se pergunta: Por quê? Ele gosta de nos ver sofrer? Não. Ao ver nossa dor, Ele vê também nosso futuro e a felicidade que conquistaremos após o caminho da cruz, quando encontraremos a ressurreição. Assim como as mães, que enfrentam as dores do parto para, então, receberem o milagre da nova vida em seus braços.

Meu irmão, Deus está ao seu lado quando, ao olhar para o horizonte, você não vê mais nada. E apenas chora. No entanto, há certo momento, no silêncio, quando está sozinho, quando você quer apenas um abraço para consolá-lo e não tem ninguém para fazê-lo, que Jesus vem ao seu encontro e o abraça em espírito, sussurrando palavras de vida ao seu coração e dando-lhe nova esperança para caminhar em todo lugar, em todo momento, em toda situação.

Quero lhe dizer, meu irmão, que se lance nos braços do Senhor e na oração pessoal, peça, com o olhar da fé, para ver a presença de Jesus ao seu lado. Mesmo quando você não percebe, mesmo quando você não O sente, nem o Seu amor, Ele está ali. E hoje eu tenho certeza, meu irmão, que o Senhor enviará um anjo de carne e osso para o acolher. Para o abraçar, para dar o amor que seu coração necessita para continuar seu caminho.

Reconhecidos no amor

Talvez procuremos e mendiguemos o amor, o reconhecimento das pessoas que estão ao nosso lado, e achemos que sem isso somos infelizes ou não podemos viver, mas esse tipo de pensamento é destrutivo, não nos ajuda, pois Deus está a todo momento conosco. Ele nos ama, reconhece e vê o nosso coração.

Deus nos guarda e nos olha com amor, e, para mostrar o quanto nos ama, nos diz que somos a pupila de Seus olhos. Expressa que não saímos debaixo de seu olhar, e, à medida que vamos percebendo o olhar do Senhor que se fixa em nós, percebemos também quão grande é o Seu cuidado conosco, a tal ponto de nos amar até mesmo em nossas imperfeições. O Senhor certa vez disse que da mesma forma que a galinha recolhe os seus pintinhos embaixo de suas asas, assim Ele faz conosco, nos ampara, nos protege sempre.

Com o coração frágil e marcado pelo pecado, sentimo-nos fracos e muitas vezes sozinhos e abandonados, mesmo quando estamos rodeados de pessoas. O Senhor nos chama a nos refugiarmos n'Ele, abaixo de seu amor, abaixo de suas asas, para ali encontrarmos a Sua fortaleza que restabelece a nossa força diante de nossas fraquezas, e assim entendermos que o Seu amor nos basta.

Se prestarmos atenção em toda a Sagrada Escritura, podemos perceber que somos convidados a não só conhecer Deus, mas a experimentarmos o próprio Senhor. Experimentamos aquele que antes conhecíamos somente de ouvir dizer e agora o encontramos face a face, como se sentasse ao nosso lado e nos falasse. É a nova experiência de Deus. A experiência da purificação. A experiência de tocar a Deus, esvaziar-se de si mesmo para o preenchimento total do Senhor, quando a nossa vontade se torna a d'Ele.

Acreditar que Deus não o abandona **141**

Deus atrai os homens ao deserto, mas não qualquer um: somente os eleitos para partilhar de Seu amor do mesmo modo que Jó, personagem do Antigo Testamento, que aborda profundamente a temática do relacionamento entre homem e Deus.

Ao final de seu livro, Jó (42, 2-6) declara:

> Bem sei eu que tudo podes, e que nenhum dos Teus propósitos pode ser impedido. Quem é este, que sem conhecimento encobre o conselho? Por isso relatei o que não entendia; coisas que para mim eram inescrutáveis, e que eu não entendia. Escuta-me, pois, e eu falarei; eu Te perguntarei, e Tu me ensinarás. Com o ouvir dos meus ouvidos ouvi, mas agora Te veem os meus olhos. Por isso me abomino e me arrependo no pó e na cinza.

Jó, na Sagrada Escritura, é o justo por excelência. Após ter passado todo o seu sofrimento, ele não abre a boca para blasfemar o nome de Deus. Em Jó se cumpre toda a obra de Deus e Jó entende as respostas mais profundas de sua vida, a tal ponto de ele mesmo declarar e dizer: "Escuta-me, deixa-me falar". Ele fala para o Senhor tudo aquilo que tem no coração. O Senhor escuta e se deixa interrogar para, então, responder ao coração de Jó.

Olha que belo, o nosso Deus escuta e se deixa interrogar. É um Deus humilde diante do homem que quer conhecer Seus desígnios e Sua vontade, e quando o homem, não entendendo a sua vida, se coloca de forma simples diante de Deus e não é arrogante, Ele abre e lhe traduz o segredo de sua vida, falando-lhe ao coração e mostrando-lhe o seu caminho.

Percebemos, irmão, que a nossa fé, a qual tantas vezes falamos ser cega, nada tem de cega. A fé nos faz ver as realidades mais profundas que há em nossa vida. É pela fé que

142 O Plano de Deus

vemos a realidade nua e crua de nossa vida e a verdade que habita em nós, olhando a nossa vida com os olhos do Cristo.

No evangelho de João, há um episódio em que Jesus encontra um cego de nascença e restitui-lhe a visão. Jesus dá a esse cego a oportunidade de ver, e isso significa nascer, pois quem vê nasce para uma nova vida. É vir à luz. É sair das trevas, do não entender nem nada ver e começar a enxergar as coisas de um modo diferente. Ou seja, ver aquilo que não via, e ver-se também no outro.

A fé nos faz ver a realidade como ela é. É um nascimento para Deus! E este é um grande milagre. Pois, quando conhecemos a Deus no deserto, começamos a ver a nossa vida a partir do olhar d'Ele. Assim como Jó, que, conhecendo o sofrimento, permaneceu fiel a Deus e viu toda a sua vida com o olhar do Altíssimo.

Deus nos dá olhos para ver. E cada um de nós como Jó sofre, e também é livre para voltar para Deus ou não. Jó voltou, mesmo com todos os seus amigos culpando o Senhor por tudo o que o afligia. Ao bendizer o nome de Deus, Jó colocou-se na luz, possível apenas àqueles que permitem que Jesus adentre sua vida.

Podemos perceber que Deus tem uma pedagogia para nos conduzir no caminho da fé, do amor e na confiança para com ele. Vejamos:

a) **Humilhar-nos:** Deus, no deserto, conduziu seu povo e permitiu que passasse por tantas dificuldades e tribulações, para provar o coração dele, não porque Ele não conhecia seu coração, mas porque o povo não se conhecia, e se fazia necessário que se conhecesse para que pudesse realmente conhecer o amor de Deus por ele.

Acreditar que Deus não o abandona   143

No livro de Deuteronômio (8, 2), o senhor diz: "Lembra-te de todo o caminho por onde o Senhor te conduziu durante esses quarenta anos no deserto, para humilhar-te e provar-te, e para conhecer os sentimentos de teu coração, e saber se observarias ou não os seus mandamentos".

Assim, Deus colocou o povo à prova, para que tivesse a oportunidade de mostrar a sua fidelidade ao Senhor, e para que se conhecesse. Com Jó, Deus nos ensina também que os orgulhosos diante d'Ele não são socorridos, para que possam perceber que não são Deus, são apenas criaturas dependentes d'Ele: "Pois Deus abaixa o altivo e o orgulhoso, mas socorre aquele que abaixa os olhos" (Jó 22, 29).

b) **Testar-nos:** "O Senhor disse-lhe: 'Notaste o meu servo Jó'? Não há ninguém igual a ele na terra, íntegro, reto, temente a Deus e afastado do mal. Persevera sempre em sua integridade; foi em vão que me incitaste a perdê-lo" (Jó 2, 3).

Deus conhecia muito bem o coração de Jó, mas permite que ele seja testado, para que dê testemunho de sua fé, de seu amor para com Deus, e para que ele seja sinal de confiança e da presença de Deus no mundo.

c) **Reorganizar os pensamentos sobre Deus:** Jó, diante do sofrimento, não abandona o Senhor, mas se sente confuso, e começa a se penalizar diante das palavras de seus amigos acusadores, que atribuíam a sua dor e sofrimento ao seu "pecado", e por isso Jó diz: "É por isso que me retrato, e arrependo-me no pó e na cinza". Depois que Jó acabou de dirigir essas palavras ao Senhor, Ele disse a Elifaz de Temã: "Estou irritado contra ti e contra teus amigos, porque

144 O Plano de Deus

não falastes corretamente de mim, como Jó, meu servo" (Jó 42, 5-6).

d) **Disciplinar-nos:** Jó sentiu-se amado pelo Senhor. Embora aquela grande tribulação de perda e dor em sua vida, ele não se rebela contra Deus, mas tira de tudo aquilo uma lição, e diz: "Bem-aventurado o homem a quem Deus corrige! Não desprezes a lição do Todo-poderoso, pois Ele fere e cuida; se golpeia, Sua mão cura. Seis vezes te salvará da angústia, e, na sétima, o mal não te atingirá. No tempo de fome, te preservará da morte, e, no combate, do gume da espada" (Jó 5, 17-19).

Que belo notar que Jó fez a experiência de um Deus que aparentemente o feria, mas que cuidava de sua dor, sua ferida, e, além de cuidar, lhe fazia uma promessa, aquela de curá-lo de seu sofrimento pasado, de salvá-lo dos perigos eminentes, de providenciar em suas dificuldades existenciais e básicas, de prover o que seu coração, seu corpo, seu psiquismo precisavam.

e) **Preparar-nos para as bênçãos futuras:** Enquanto Jó rezava por seus amigos, o Senhor o restabeleceu em seu primeiro estado e lhe tornou em dobro tudo quanto tinha possuído (Jó 42, 10).

Algo primoroso é notar que, após a dificuldade, a luta, a guerra, a tribulação, para aqueles que permanecem confiando que Deus é amor vem a vitória com a recompensa. Jó, após a dura tribulação, prova e testa, tem tudo restabelecido por Deus, de modo muito mais grandioso do que antes.

Deus não quer que sejamos cegos ao Seu amor, à Sua cura, à Sua ação em nossa vida, e muitas vezes abre o nosso olhar por meio da dor, que nos faz ver outras

Acreditar que Deus não o abandona **145**

realidades, e até a Sua presença ao nosso lado, pois quando cai tudo, só Deus permanece conosco.

Sobre o cego que citamos do evangelho de João, perguntam a Jesus: "Mas por que ele é cego? É culpa de seus pais? Dele? De seu pecado"? O homem sempre quer colocar a culpa em alguém e quer sempre ligar a doença a uma culpa. No entanto, muitas vezes a doença ou o sofrimento é um canal para a realização da Glória. Como Jesus disse aos discípulos: "Não é culpa dele nem de seus pais, mas esta cegueira de nascença na vida dele é para que se cumpra a glória de Deus" (Jo 9, 2). E qual é a obra de Deus? A obra de Deus é que aquele homem veja, tenha vida plena em abundância.

Todos que olhavam aquele cego, por viverem na mentalidade legalista daquela época, relacionavam a cegueira daquele homem ao seu pecado, o viam assim pecador, mas Jesus passou e olhou aquele homem, olhou o seu coração e não o seu pecado. E o olhar de Jesus não o fez sentir-se sozinho, mas amado; Jesus então coloca toda a atenção naquele homem que não o via, e o cura, pois na verdade ele já o via com o coração.

Com essa passagem, Jesus quer curar a cegueira também dos homens legalistas que se sentem santos, e vivem no seu legalismo, e julgam os outros, para não olhar o próprio pecado, a própria vida. Assim, condenam, e é triste olhar como isso está presente de uma forma catastrófica dentro da Igreja com superiores que pregam a pobreza e andam com carros importados, que pregam o jejum e de sexta-feira comem nas churrascarias mais caras da cidade, que pregam a caridade e vivem só com os de fora de suas comunidades, enquanto humilham, maltratam e gritam com os mais próximos, e querem fazer deles seus na sua comunidade isolada feudal.

Os amigos de Jó, quando o viam sofrer, falavam que era culpa de Jó, que era culpa de seu pecado. E Deus disse que

146 *O Plano de Deus*

aqueles eram falsos amigos. E Jó disse a eles: "Eu não sou culpado". E, de fato, não era, pois Jó era justo. E Deus lhe fala para que faça oferendas a fim de perdoar aqueles amigos.

Jesus, no evangelho, tira a associação do pecado pessoal e do mal.

O mal é mal por si mesmo, e independe de nosso pecado. O mal já existia no mundo, mas, como vimos no texto bíblico da cura do cego, aquela doença não era fruto do pecado, talvez fosse por uma má formação genética, por uma falha na formação daquele homem. Não era culpa de Deus nem de seu pecado, mas Deus cura aquele homem para mostrar o Seu amor, a Sua glória, o Seu desejo de querer bem a todos.

O pecado traz, sim, consequências para nossa vida, porém devemos distinguir que Deus acima de tudo nos ama e nos quer bem, e que Ele não tem interesse nenhum em nos condenar e nos mandar para o inferno, como muitos falsos líderes religiosos fazem.

REFLEXÃO

Podemos concluir que Deus está sempre presente em nosso caminho, nas nossas dores, no nosso coração, na nossa vida, sofre conosco e caminha conosco, e, para nós, pede apenas o olhar da fé, para vê-Lo, para adorá-Lo, para contemplá-Lo, e enxergar a Sua presença em nossa vida.

Elevemos a Deus nosso coração em oração e peçamos:

Pai santo, de bondade e amor, neste momento quero colocar-me à Sua frente com meu coração ferido e de meus irmãos que rezam também agora.

Senhor Jesus, pelas Suas santas chagas cura-me de todo desânimo, das vezes em que, sozinho, choro, querendo apenas um

Acreditar que Deus não o abandona   147

abraço, um colo, alguém que possa me dar um pouco de amor, carinho e compreensão.

Senhor Jesus, pelas Suas santas chagas, cura toda a solidão que há no meu coração, solidão esta que me fez buscar tantos caminhos errados, me fez buscar até o pecado para tentar preencher com prazeres mundamos aquilo que me faltava. Cura meu coração com Seu amor, que supre minha carência e solidão.

Senhor Jesus, ativa minha memória para que eu volte ao momento de sofrimento e, nessa cena que me bloqueia, peço que Sua mão se faça presente. Assim, verei que o Senhor sempre esteve ao meu lado.

Cura, Senhor Jesus, com Sua presença que agora aquece meu corpo com Seu calor, cura toda a solidão e dor ao pensar em entrar em casa e não encontrar ninguém para abraçar, cura o medo de ficar sozinho. Cura, Senhor Jesus, minha oscilação na fé. A dor das perdas, dos afastamentos e desentendimentos.

E que a Sua vontade prevaleça em minha vida. Amém!

Capítulo 9

Perdão e oração

O perdão não é só um dos estágios para o encontro com Deus, mas da Cura Interior, sendo um modo necessário para o crescimento e sinal de maturidade emocional, além de ser meio de fechar as portas para Satanás, para que ele não nos destrua emocionalmente com o sentimento de raiva, ódio e mágoas, tornando-nos pessoas desequilibradas que agem apenas por emoções negativas.

Somente um coração que busca sinceramente a Deus, por meio da oração sincera e da caridade com os irmãos, pode dar passos para o perdão. Perdoar é algo difícil, que não significa esquecer o passado que machucou, mas significa dar ao outro a possibilidade de mostrar que algo mudou, acolhendo-o no coração.

Com a falta de perdão, o inimigo deseja atacar a nossa mente e os nossos sentimentos, incitando-nos a pensamentos de ódio, pois sabe que, quando estamos influenciados por ele, endurecemos para amar, fechamo-nos para o próprio Deus — Ele que nos ensina a perdoar, para sermos também por Ele perdoados.

Hoje o mundo quer a paz, mas a verdadeira paz nós teremos no coração quando superarmos o ódio, as mágoas, as raivas que nele estão. No coração de muitas pessoas existe a vingança, o ressentimento, a amargura, que roubam a paz interior e impedem a cura total. E o caminho para o perdão total é a oração, que nos coloca fracos diante de Deus, impossibilitados de dar o nosso perdão humano àqueles que nos feriram, para na oração recebermos a força de Deus, a fim de olhar e acolher nossos malfeitores, e isso significa perdoar.

Sozinhos somos incapazes de perdoar. Na verdade, o perdão verdadeiro é o de Deus, em Deus, ou seja, ligados a Ele por meio da oração, podemos e conseguiremos perdoar verdadeiramente. Deus não quer que tenhamos ódio no coração, pois, quando odiamos, trazemos o inferno para dentro de nós. E quando damos a alguma pessoa o nosso perdão, construímos o céu em nosso interior.

A Palavra de Deus é clara: "Um ser humano guarda raiva contra outro: como poderá pedir a Deus a cura?" (Eclesiástico 28, 3). A palavra de Deus nos ensina que só poderemos pedir a cura a Deus se antes perdoarmos. Aos irmãos podemos enganar, mas a Deus não!

Perdoar não é um sentimento, é uma escolha, é abrir mão do orgulho ferido, é uma superação também de nosso eu, para estarmos com Deus.

A única exigência que Deus faz para perdoar todos os nossos pecados, quaisquer que sejam, é que, além de estarmos arrependidos de tê-los cometido, perdoemos de coração os que nos ofenderam. "Porque, se perdoardes aos homens as suas ofensas, vosso Pai celeste também vos perdoará, mas, se não perdoardes aos homens, tampouco vosso Pai vos perdoará" (Mateus 6, 14).

Lembremos que Deus não aceita a oferta daquele filho que nega o perdão ao seu irmão: "Se estás, portanto, para fazer a tua oferta diante do altar e te lembrares de que seu irmão tem alguma coisa contra ti deixa lá a tua oferta diante

150   *O Plano de Deus*

do altar e vai primeiro reconciliar-te com teu irmão; só então, vem fazer a tua oferta" (Mateus 5, 23-24).

Também no "Pai Nosso", Ele exige: "Perdoai-nos as nossas ofensas, assim como nós perdoamos aos que nos ofenderam" (Mateus 6, 12). Se quisermos ser perdoados e curados interiormente, o perdão é um caminho.

Pare de olhar para trás

O Senhor nos quer livres, quer que paremos de remoer o passado e olhemos para a frente!

Nessa jornada, o Senhor lhe fala para repensar sua história a fim de que decida como quer viver daqui em diante. Então, para aprofundarmos o quetionamento sobre amor e respeito, quero refletir com você sobre a passagem da esposa de Ló, sobrinho de Abraão. Essa passagem está no Gênesis (19, 15-26).

A Bíblia conta que os anjos vieram até Ló e o mandaram deixar sua cidade, Sodoma, que seria muito castigada. Para que o Senhor pudesse salvá-los, era preciso que se deixassem guiar por Ele e caminhar sem olhar para trás, pois, se não se desprendessem, pereceriam.

Deus queria que Ló e sua família chegassem até uma montanha, mas, antes disso, Ló encontrou uma pequena cidade, na qual Deus permitiu que se refugiassem. A cidade, então, recebeu o nome de Cegor.

Então, o Sol se levantou e o Senhor fez cair sobre Sodoma e Gomorra uma forte chuva de enxofre e fogo que destruiu as duas cidades e toda a planície. A mulher de Ló não resistiu e olhou para trás e, assim, transformou-se numa coluna de sal.

Para compreender o que isso significa, voltemos à história de Ló e Abraão. Ambos tinham gado e seus negócios

Perdão e oração **151**

começavam a crescer com algumas contendas. Por essa razão, era preciso que se dividissem para não entrar em conflito e cada um, desse modo, teria o próprio espaço. Abraão ficou com o lado direito, Gomorra, e Ló com o esquerdo, as terras de Sodoma, nas quais os habitantes levavam uma vida errante.

Ló vivia no meio daqueles que haviam se esquecido de Deus e, em certo ponto, quando Ele resolveu destruir a cidade pagã, ao se deparar com a família de Ló, se compadece e lhes oferece uma nova chance, com a condição de que não olhem para trás. Ou seja, a caminhada deve focar na meta que se deseja alcançar.

Ou seja, eles não podiam olhar para trás, se deter na planície, parar, e deviam caminhar para a montanha, para o encontro com o Senhor. Para um lugar alto. E Ló disse: "Não, meu Senhor...". Aqui entra a negociação com Deus. Ló viu que era difícil chegar até aquela montanha, não havia tempo suficiente; era algo que achava impossível conseguir. Então, apresenta sua dificuldade ao Senhor. E nós devemos aprender isso!

– Qual a dificuldade que o impede de chegar ao ponto que Deus lhe chama?

_____

_____

_____

_____

_____

Quando falo sobre negociar com Deus é para que você perca o medo de ser sincero com Ele por meio de suas palavras. A partir do início de sua oração diante do Senhor, já comece esse processo de libertação interior. Afinal, aceitar nossas fraquezas e imperfeições está diretamente relacionado ao encontro verdadeiro com Deus.

152 O Plano de Deus

Uma de nossas piores falhas é achar que a oração tem de ser formal com o Senhor, e que demonstrar revolta, decepção, discordância com a vontade de Deus ou com o que é certo seria o fim. Entretanto, esses sentimentos são parte da condição humana, afinal, nem sempre temos total desprendimento para entender e aceitar o que nos é colocado.

Achamos que Deus não ouvirá nossa oração de revolta ou que Ele achará um insulto de nossa parte. Acreditamos que Deus pode nos virar as costas. No entanto, quando lemos a Bíblia, vemos as pessoas que Deus escolheu conversando com Ele, negociando a graça, questionando, lutando com os anjos do Senhor, a imagem do próprio Senhor.

Os homens e as mulheres na Bíblia negociavam com Deus, faziam orações tão próximas d'Ele, tão carregadas de emoção, que imagino que Ele os ouvia com amor e compaixão. Pois Ele quer que falemos com sinceridade, derramando nossa alma diante do altar e mostrando tudo o que nosso coração sente.

Deus está aberto a negociar a graça conosco. Ele nos ouve o tempo todo, pois entende a nossa dor, sabe o que estamos sofrendo, sabe que muitas vezes até nossas escravidões ao pecado não são uma forma de desrespeito, mas fragilidade, desejo de ser amado. Ele sabe, por fim, quanto O amamos.

Qual, então, é o resumo dessa passagem? Trata-se da intimidade na oração com Deus.

Ló apresenta ao Senhor a sua dificuldade. Faz um pedido. Um pedido que poderia estar ao alcance do Senhor — e estava. E Ele o concede. Então Ló permanece naquela pequena cidade.

Agora, meu irmão, fica a pergunta: Em qual pequena cidade você pode, hoje, pedir ao Senhor para permanecer, vendo que, nesse caminho, não consegue chegar à alta montanha? Ao topo? Se você não tem tempo, porque está cansado ou porque o flagelo e a destruição estão vindo, qual é a pequena cidade na qual se refugiar?

O refúgio é muito necessário nos momentos de perigo e tribulação. Peça para o Senhor o repouso nessa pequena cidade que está no meio do caminho. Nem sempre conseguimos chegar aonde Deus nos pede de primeira. É preciso que nos preparemos e nos fortaleçamos para seguir a jornada até o fim.

Quando analisamos a passagem de Ló e notamos a sua esposa que olha para trás, compreendemos que nosso apego com o que possuímos faz com que percamos muitas vezes a própria vida. Não porque desejamos pecar, mas porque não conseguimos focar nossos olhos no que está à nossa frente, sempre. Pelo contrário, remoemos o que nos aconteceu, o que dissemos e não dissemos. E isso nos mata.

Quantas vezes não olhamos para trás, como fez a mulher de Ló?

Não percamos tempo, não percamos a vida ao desperdiçar tempo no nosso passado e não vivendo o presente de amor que Deus nos dá. Concentre suas energias no futuro, o passado ficou para trás, aprenda com ele, guarde no coração, mas não se prenda nele.

Claro que não é fácil deixar o passado. Claro que perdoar é muito difícil. Esquecer. Até mesmo porque, em meio às tristezas, no passado também se encontram lembranças felizes. No entanto, é preciso que aprendamos também a trabalhar com a saudade do passado, com o amor que recebemos, com as coisas boas que passamos... Tudo isso não deve ser algo a nos corroer, a nos transformar em crianças rebeldes diante de Deus, que batem o pé e gritam de saudade. Devem

154   *O Plano de Deus*

ser lembranças boas que nos trazem vida, ensinamento para amar mais, para viver mais a vida.

Ló, naquela nova cidade, fez toda sua vida novamente. O Senhor o chama também a olhar para a frente, para a meta. Qual é a sua meta? O que você espera do Senhor? Quando resolveu sair de sua Sodoma, a sua cidade, qual foi a meta que surgiu no seu coração?

_____

_____

_____

— E quando surgiu essa meta no seu coração, que negociação você propôs ao Senhor? Ló quis ficar na pequena cidade. E você?

_____

_____

_____

O Senhor é um Deus que sempre se deixa negociar, sempre escuta o homem. É como em um casamento, para chegar a uma conclusão, sempre tem de haver a renúncia de uma parte, a renúncia da outra, a flexibilidade de uma parte, a flexibilidade da outra. Deus muitas vezes também é flexível conosco. Porque Ele nos entende. O que Ele não quer é que nos prendamos a Sodoma, a nossa vida passada e vivamos em função dela. Pelo contrário, Ele quer que vivamos em função da vida que quer nos dar.

— Qual é a vida que o Senhor quer que você construa?

_____

_____

Neste momento, eu o convido a olhar para o ponto no qual se encontra e dê-se conta de tudo o que já experimentou até aqui.

Não feche os olhos. Olhe para a frente, veja a vida nova que Deus quer lhe dar, e já está lhe dando.

Pare de condenar

Deus é amor e perdão, e nós somos Seus filhos, portanto, também temos em nosso DNA espiritual essas características. Deus não nos condena, Ele nos ama, e a Sua condenação foi se deixar condenar por nossos pecados, para nos dar a sua absolvição.

O perdão é o melhor remédio para sarar nossas enfermidades, pois, quando alimentamos sentimentos negativos, fechamo-nos à graça de Deus e matamos a alegria que existe dentro de nós, suscitada pelo próprio Espírito Santo: fonte de nossa verdadeira alegria.

Devemos, então, perdoar e nos perdoar. Devemos parar de nos condenar pelos erros passados, e de condenar os irmãos, para não sermos também condenados por Deus e por eles em nosso futuro, pois não sabemos o dia de amanhã, não é mesmo?

Não podemos agir como pagãos, dizendo "olho por olho e dente por dente". Isso é vingança, e a lei do Senhor é baseada no amor e no perdão, de modo que estejamos abertos a orar por aqueles que nos perseguem. Pois, quando fazemos isso, nossa oração vai ao coração daquele irmão que nos feriu, toca aquele coração e volta para o nosso dando-nos a paz.

"Orai, eu vos digo: amai os vossos inimigos e orai por aqueles que vos perseguem! Assim vos tornareis filhos do vosso Pai que está nos céus; pois ele faz nascer o seu sol sobre maus e bons e faz cair a chuva sobre justos e injustos" (Mateus 5, 44-45).

Existem muitos hoje que dizem: "Eu perdoo, mas não esqueço"! Está errado! Temos de nos lançar verdadeiramente

156   O Plano de Deus

como cristãos na possibilidade do total perdão, conforme nos guia o Senhor.

— Como cristão, qual tem sido a sua posição ante o infinito perdão de Deus, no trato com seus irmãos?

_____

_____

_____

Jesus deu o exemplo. Na hora de ser morto, pediu perdão para os Seus assassinos, "Pai, perdoa-lhes porque não sabem o que fazem" (Lucas 23, 34). Será que somos capazes de imitar Jesus?

_____

_____

_____

Não devemos ser os condenadores e muito menos os outros que convivem conosco. Ao contrário dos homens, Deus sempre nos liberta e absolve. Ele já carregou o nosso pecado. Agora quer nos ver livres.

O Evangelho nos mostra isso claramente: esse grande amor de Deus que não nos condena. Neste ponto, quero refletir sobre uma passagem de João (8, 3-11), quando Deus fala com Maria Madalena.

Maria Madalena era acusada de adultério e, segundo as leis daquela época, deveria ser apedrejada. No entanto, Jesus, que antes estava no Monte das Oliveiras falando com O Pai, recebe aquela mulher com amor. Os que estavam ali acusando e apontando para ela não estavam preocupados se tinha uma família, se tinha sentimentos... Estavam preocupados apenas em usá-la para seus interesses: testar Jesus.

Contudo, Jesus, em sua infinita misericórdia, faz com que aqueles homens deixem de olhar para aquela mulher e olhem para si mesmos. Pois é fácil olharmos para o outro,

Perdão e oração 157

para o pecado do outro. É fácil condenar o outro e não condenar a nós mesmos. Ninguém perguntou àquela mulher por que ela caiu em pecado. Ninguém olhou para ela de verdade. Ninguém quis saber o que estava se passando naquela vida, naquele coração e as razões mais profundas de seu adultério...

Jesus, ao contrário, faz com que todos olhem para si mesmos. Olhe o seu coração! Você só pode condenar o outro se tiver pecado. Se, porém, tiver pecado, esteja atento, pois pode ser maior do que o pecado do outro.

Depois de Madalena não ser condenada pelos demais, chegou o momento de ela mesma parar de se condenar. O Senhor quer mostrar que, se Ele não nos condena, também não sejamos nós os próprios condenadores.

O Senhor não joga o pecado na sua cara, quem joga é Satanás. Ninguém pode condená-lo, porque nem Jesus condenou uma mulher adúltera, presa e pega em flagrante. E Ele não condena porque vê o coração,

Hoje, o Senhor também olha o seu coração. Ele lhe diz: "Eu também não o condeno. Vá e não torne a pecar. Tome a sua vida! Erga a cabeça, saia dessa situação de prostração! Você é uma pessoa muito amada. Não viva sob o julgo da condenação. Não deixe ninguém o condenar. Não se condene"!

Assuma um compromisso:

A partir de hoje não irei mais me condenar por meus pecados, serei firme e não voltarei a cair nesses passos falsos. Descreva-os:

_____

_____

_____

_____

158 O Plano de Deus

O julgamento dos homens é um julgamento de condenação. O julgamento de Deus é de misericórdia. Ele está aqui para perdoá-lo. Acolhê-lo totalmente. Permaneça em Seu amor.

Deus é seu amigo. Sempre lhe oferece o perdão, a misericórdia, pois o Seu amor é para sempre em nossa vida.

REFLEXÃO

Após termos meditado sobre a libertação e a cura de nosso coração, por meio do perdão conosco mesmos, perdoando-nos de nossos pecados e erros passados, e do perdão para com os irmãos, percebemos que o Senhor nos chamou a olhar para a frente, para uma vida nova, baseada em um tempo novo, em uma cidade nova que Ele nos permite estar. Agora, ore, apresentando ao Senhor a sua vida:

Senhor Jesus, neste momento me coloco em Sua presença, com todos meus condicionamentos, com a minha forma mundana de pensar e agir, com meu coração preso ao desejo do pecado.

Senhor, como é difícil dar este passo de desapego. Quantas vezes só o fato de pensar em deixar a vida de pecado, sinto uma dor profunda no coração, como se algo estivesse sendo tirado de mim, porque, com aquele pecado, sinto segurança, uma espécie estranha de afeto e que me permite esquecer a coerência.

Senhor, quero agora negociar contigo. Crie para mim uma cidade segura, um abrigo, uma sustentação espiritual de amor e de paz. Dá-me a Sua graça que supre toda a falta de graça que há em meu coração.

Preenche, Senhor, meu coração ferido pelo pecado, que deseja olhar para trás e voltar ao erro para preencher-se com um

Perdão e oração   **159**

pouco de amor. Suplico, Senhor, vem e cura, lava com o Seu sangue e alivia agora a dor do meu coração, e me dê a Sua paz.

Senhor, ajuda-me a aprender a viver bem com o meu passado, a aceitar tudo o que já passou, e a buscar a felicidade no presente e encontrar o amor aqui, agora.

Senhor Jesus, cura-me para que eu consiga deixar de olhar para trás.

Confio em Seu poder. Sei que me ama e me perdoa, embora muitas vezes eu não recorra ao Seu perdão e nem esteja completamente arrependido de meus atos. Que a Sua misericórdia possa me envolver. E de hoje em diante tudo que traz condenação não faça mais parte de minha vida.

Por fim peço, Senhor Jesus, ensinai-me a graça de perdoar sempre. Ajuda-me a libertar o meu coração dos sentimentos de ódio, de guerra, de vingança, que me afastam de Sua presença, para poder viver na liberdade e amar a todos como irmãos. Ajuda-me, Senhor, a desapegar-me do meu passado, das minhas feridas, a entregá-las em Seus braços, para viver uma vida nova.

Amém!

Capítulo 10

Conversão verdadeira

Busque sua força no silêncio e na esperança

Para falar de conversão, de caminho de interioridade, quero refletir com você sobre uma passagem do profeta Isaías.

Neste dia de deserto, de caminho de conversão, de caminho de interioridade, quero partilhar com você uma palavra que, tenho certeza, tocará seu coração como também tocou o meu. A palavra do profeta Isaías (30, 15) diz: "É na conversão e na calma que está a vossa salvação; é no repouso e na confiança que reside a vossa força". Assim, a palavra quer dizer que, se queremos a salvação, precisamos buscar a conversão e a paz no repouso, ou seja, é no silêncio e na confiança/esperança, que está nossa força.

Essa palavra é de grande conforto ao coração.

A conversão não é apenas uma mudança de mentalidade, pensamentos, como tendemos a pensar; também não é só uma mudança de coração. A mudança de mentalidade é mudar o pensamento; a mudança de coração é a mudança do agir, dos sentimentos, que não bastam. Não basta apenas agir com mais caridade, com mais paciência etc. A conversão é muito mais que isso, é o retorno ao coração de Deus Pai como

Conversão verdadeira **161**

filhos amados. Para um judeu, na língua hebraica, é _shub_, que quer dizer retorno, ou seja, é a volta à casa do Pai.

A Bíblia diz que seremos salvos se buscarmos a conversão. E, como já falamos, voltar envolve reconciliar-se. A paz é fruto da reconciliação com o Pai, com os irmãos e com nós mesmos. Para isso, precisamos silenciar o coração. Pois é no silêncio que está a nossa força, onde enfrentamos quem realmente somos.

Mantendo o silêncio exterior, conseguimos manter o silêncio interior. Embora seja difícil, podemos encontrar a esperança que nos ajuda a aguardar pelas promessas que estão à nossa frente. É ver o que já está adiante no caminho. É esse o nosso prêmio. Estarmos unidos em Deus, para sermos um com Ele, e identificarmo-nos n'Ele, sermos idênticos a Ele... para isso é necessário tempo.

Quando falamos em silêncio, o mais curioso é perceber como ele pode gerar tanta confusão interior. Essa confusão nasce porque do silêncio emergem todas as nossas angústias e confusões. É no silêncio que o que está em desordem em nosso coração vem para fora, entra em ebulição, o que é bom, pois mostra todas as situações e os problemas internos que temos para resolver. É Deus quem nos mostra por onde temos de começar a nossa oração. A nossa oração se inicia com aquilo que pesa em nosso íntimo, e, enquanto não resolvermos esses pontos, não encontraremos a paz interior.

Um bom exercício para entrarmos no silêncio interior é meditar sobre a palavra de Deus. Isso nos ajuda a rezar a nossa vida e a nos pacificar, descobrindo o que Deus quer nos dizer. A Igreja tem o método da Lectio Divina, que nos ajuda a meditar a Palavra de Deus e extrair dela a resposta do Senhor para nós.

Há alguns anos, depois de minha experiência de mais de sete anos conduzindo retiros de deserto de um, três e oito

162 O Plano de Deus

dias, elaborei um método de Lectio Divina para ser aplicado por todos aqueles que desejam encontrar e viver a conversão dia a dia, escutando no silêncio a voz do Senhor em seu coração. E aqui apresento o método a vocês.

LECTIO DIVINA É O MÉTODO DA LEITURA ORANTE DA PALAVRA DO SENHOR.

Meditar a palavra de Deus com o coração e sentimentos de Jesus. "Prestai atenção e Vinde a mim, escutai e vossa alma viverá" (Isaías 55, 3). "A palavra que minha boca profere, não volta a mim sem ter produzido seus frutos e realizado minha vontade e cumprido sua missão" (Isaías 55). Devo deixar-me transformar pela palavra.

PARA FAZER UMA BOA LECTIO DIVINA, SIGA ESTAS ORIENTAÇÕES:

1) SEPARE UM HORÁRIO PARA A ORAÇÃO, DE PREFERÊNCIA O MESMO TODOS OS DIAS. FAÇA DA ORAÇÃO UM COMPROMISSO DIÁRIO COM DEUS.

2) COLOQUE-SE EM UM LUGAR QUE LHE PROPORCIONE O RECOLHIMENTO, DE PREFERÊNCIA QUE LHE DÊ A POSSIBILIDADE DO SILÊNCIO EXTERIOR, PARA ENCONTRAR O INTERIOR.

3) COLOQUE-SE EM UMA POSIÇÃO QUE FAVOREÇA A SUA ORAÇÃO. MANTENHA UMA DISCIPLINA CORPORAL, DE PREFERÊNCIA FAÇA A LECTIO DE JOELHOS DIANTE DE UM ÍCONE, CRUCIFIXO, IMAGEM SACRA, OU SENTADO; NÃO FIQUE MUITO CONFORTÁVEL PARA NÃO DORMIR.

4) PREPARE-SE PARA A ORAÇÃO COM A PRÓPRIA ORAÇÃO: PEÇA A GRAÇA DE LHE ACOMPANHAR DURANTE O PERÍODO DE ORAÇÃO A MARIA. E INICIE UM DIÁLOGO COM O SENHOR, ENTREGANDO-LHE TUDO O QUE ESTÁ EM SEU CORAÇÃO: OS PENSAMENTOS QUE LHE FAZEM SOFRER, AS DORES FÍSICAS E MORAIS, AS PREOCUPAÇÕES, O NERVOSISMO QUE PASSOU

Conversão verdadeira **163**

DURANTE O DIA, A IMPACIÊNCIA, A ANGÚSTIA, OS MEDOS ETC. ENTREGUE TUDO, ITEM POR ITEM, FALANDO COM O SENHOR SOBRE CADA UM DELES, SEM MEDO DE DEUS, SEM USAR MÁSCARAS, FALE COM SINCERIDADE CIENTE DE QUE UM DEUS DE AMOR O ESCUTA E QUER VÊ-LO FELIZ.

5) APÓS CONSAGRAR AO SENHOR TUDO O QUE ESTÁ PASSANDO NA SUA MENTE E NO SEU CORAÇÃO, SEPARE APROXIMADA- MENTE QUINZE MINUTOS PARA INVOCAR O ESPÍRITO SANTO SOBRE VOCÊ, E PEÇA QUE ELE SEJA O SEU MESTRE E O SEU GUIA NA ORAÇÃO. SE AINDA HOUVER ALGUM PENSAMENTO OU SENTIMENTO QUE O INCOMODE, NESSE MOMENTO, REZE SOBRE ISSO, ENTREGUE AO SENHOR, FALE DELE COM O SE- NHOR ATÉ ENCONTRAR SEU CORAÇÃO APAZIGUADO.

6) APÓS A INVOCAÇÃO DO ESPÍRITO SANTO, TOME EM SUAS MÃOS A PASSAGEM BÍBLICA SUGERIDA PARA AQUELE DIA (QUE PODE SER O EVANGELHO DO DIA PROCLAMADO NA IGREJA, OU A LEITURA SEQUENCIAL DA SAGRADA ESCRITURA, LEIA E RELEIA ESTA PASSAGEM, PEDINDO QUE O SENHOR FALE AO SEU CORAÇÃO E LHE DÊ A LUZ PARA COMPREENDÊ-LA).

7) SUPLIQUE AO SENHOR: "FALA, SENHOR, QUE O SEU SERVO ESCUTA".

8) FAÇA UMA PRIMEIRA LEITURA DA PASSAGEM BÍBLICA, PARA SE FAMILIARIZAR COM O TEXTO, E, APÓS LÊ-LA, FAÇA UM MOMENTO DE SILÊNCIO.

9) FAÇA UMA SEGUNDA LEITURA DO TEXTO, BUSCANDO EN- TRAR NA CENA, VER A SITUAÇÃO, A MOVIMENTAÇÃO, ESCU- TAR AS PALAVRAS, MERGULHAR NA CENA DO TEXTO, E DEPOIS FAÇA UM MOMENTO DE SILÊNCIO.

10) FAÇA A TERCEIRA LEITURA, PERGUNTANDO-SE: "O QUE O SENHOR DESEJA DIZER PARA MIM COM ESTA PALAVRA? QUAL É A SUA RESPOSTA DE AMOR PARA A MINHA VIDA NESTE MOMENTO? O QUE O SENHOR QUER ME DIZER DO SEU AMOR POR MIM? COMO ESTOU VIVENDO ESTA PALAVRA? O QUE O SENHOR DESEJA DE MIM? O QUE ELE QUER ME DIZER HOJE?

164   *O Plano de Deus*

QUAL É A RESPOSTA QUE O SENHOR QUER ME DAR? TENTE EXTRAIR DA PALAVRA UMA MENSAGEM DE VIDA, UM ENSINAMENTO, UMA RESPOSTA PARA A SUA VIDA.

11) APÓS ESCUTAR O QUE DEUS QUER FALAR AO SEU CORAÇÃO, RESPONDA A ELE, CONVERSE COM O SENHOR SOBRE O QUE LHE FALOU, PEÇA A GRAÇA E O DOM DE VIVER A SUA PALAVRA, FALE DAS SUAS DIFICULDADES EM VIVÊ-LA, E TAMBÉM DA SUA VONTADE EM SEGUI-LO.

12) FAÇA AGORA UM MOMENTO DE AGRADECIMENTO A DEUS PAI, POR TODOS OS DONS QUE ELE TEM LHE DADO. ACOLHA DEUS COMO SEU PAI AMOROSO, BUSQUE FAZER UMA EXPERIÊNCIA DO AMOR DELE POR VOCÊ. OLHE A SUA VIDA COM O OLHAR DE DEUS, E PERGUNTE-SE: "COMO DEUS ESTÁ ME VENDO NESTE MOMENTO"?

13) FAÇA ALGUNS PROPÓSITOS CONCRETOS DE ORAÇÃO, DE CONVERSÃO E ANOTE-OS EM UM CADERNINHO DE ORAÇÃO. PRINCIPALMENTE, ANOTE O SEU DIÁLOGO COM DEUS E AQUILO QUE VOCÊ SENTIU QUE O SENHOR LHE FALOU.

14) AGRADEÇA A MARIA POR TÊ-LO ACOMPANHADO E O LEVADO A JESUS, E PEÇA O DOM DE GERAR, COMO ELA, JESUS NO SEU CORAÇÃO E NO CORAÇÃO DAQUELES QUE VIVEM COM VOCÊ.

O caminho da graça

A Graça é a própria ação e presença de Deus que age em nosso coração. Convertemo-nos não apenas pelo simples fato de querermos nos converter, e ela não é o fruto do nosso esforço pessoal, mas, sim, da sincronia do nosso querer ser de Deus, do nosso esforço pessoal em fazermos esse caminho, ajudados pela ação poderosa de Deus que trabalha em nosso coração e em nossa vida, para sermos cada vez mais d'Ele, e assim nos transformamos, identificando-nos com Ele.

Conversão verdadeira **165**

— Caro leitor, como está o seu caminho de conversão?

_____

_____

_____

— Quais passos você está dando para que a graça de Deus exista em seu coração?

_____

_____

_____

— Você dá tempo a Deus na oração para ser amigo d'Ele?

_____

_____

_____

Jacó é um ótimo exemplo bíblico para ilustrarmos esse tema. Ele foi um grande enganador, havia enganado o próprio pai, Isaac, para obter a bênção da primogenitura, que deveria ser dada a seu irmão Esaú — de quem ele também roubou a herança.

O desentendimento entre Jacó e Esaú foi tão grande, que Esaú jurou Jacó de morte. Graças a isso, Jacó viu-se obrigado a fugir, permanecendo vinte anos longe da casa de sua família. Ele foi habitar a oitocentos quilômetros de sua terra, na parentela de seu tio Labão. Ali, Jacó experimentou todo o isolamento de sua família. Por todo aquele tempo, seu coração, com certeza, esteve machucado, ferido, angustiado, porque havia um rompimento enorme dentro de si.

Nesse período, Jacó apaixonou-se por Raquel, filha de seu tio. Contudo, por destino ou malvadez, seu tio o trapaceou. Exigiu que Jacó trabalhasse por sete anos para receber a noiva. Após esse tempo, na noite de núpcias, Jacó, embria-

166 O Plano de Deus

gado, deita-se com outra mulher: Léa, irmã de Raquel. Para desfazer a troca, Jacó teve de trabalhar por mais sete anos.

Após tudo isso, ele precisava se tornar um novo homem. Essa era a vontade de Deus. E, por sua vez, antes mesmo de se encontrar com o Pai, Jacó começa a buscar a mudança. O primeiro passo é tentar buscar a reconciliação com seu irmão. Assim, ele envia um presente a Esaú e ora a noite inteira, pedindo que Deus lhe desse o perdão e abrandasse o coração de seu irmão que o odiava. Antes, porém, era preciso que Jacó passasse por um grande combate espiritual, o combate contra si mesmo.

Jacó segue seu caminho, atravessa toda a sua família, as mulheres, os escravos, tudo aquilo que ele tinha, para o outro lado do rio. Todo seu pessoal, tanta gente, que poderia fazer uma guerra contra o irmão; mas ele fica sozinho. Ele aprende que não é a força dos homens nem dos cavalos que garante a vitória, mas a força de Deus.

Jacó permanece sozinho em oração. Até que aparece a figura de um homem: o anjo do Senhor, que é a própria figura de Deus. Nesse momento, os dois começam a lutar, ou seja, Jacó luta contra Deus.

Jacó desprende-se de tudo e, nessa luta, insiste em segurar o Senhor, insiste em adquirir a bênção do anjo de Deus, para quebrar toda a maldição, todo o pecado, tudo de errado que ele havia feito. Assim, Jacó não luta contra Deus, mas luta com Deus. Afinal, a bênção é algo muito significativo para ele. Ele diz que não deixará o anjo partir enquanto não o abençoar. E isso é muito forte!

A luta para apenas quando Jacó é ferido na perna, como se Deus dissesse: agora, basta Jacó, agora é o momento de parar, porque agora Eu lhe dou a Minha graça. Após a luta, Deus dá a Jacó um novo nome, Israel, marcando uma nova

Conversão verdadeira **167**

identidade, um novo homem. Israel significa "Deus prevalece na luta. Deus prevalece ao seu lado". Então, Jacó, que era o enganador, trapaceiro, tem agora um Deus que o guarda e acompanha.

Jacó vence a Deus com sua sinceridade e Deus se deixa vencer por amor a Jacó. Lutar contra os homens como o fez Jacó é lutar contra si mesmo. Já lutar contra as más inclinações, buscar ser diferente, é buscar ser de Deus.

Esse passo de Jacó é o mais difícil na vida de um homem: o de matar dentro de si o homem que existe cheio de falhas, pecados, com seus desejos e vontades, caminhos tortos e passos em falso, e entregar-se de coração ao Senhor, fazendo renascer um homem completamente novo, com seu caráter renovado, uma nova conduta, no caminho de Deus. Deus sabe quando essa decisão é de entrega total, irrevogável, e nos marca para que não tenhamos como nos esquecer dela.

Essa marca pode ser no corpo ou no espírito. No entanto, há sempre uma marca que nos lembra todos os dias de que quem controla nossa vida é Deus, e a Ele devemos nossa obediência se quisermos Sua bênção.

Acredite, irmão, embora a conversão exija tantos desapegos, vale a pena. Ser um homem renovado, restituído em Deus é uma grande dádiva.

Não tenha medo de ser de Deus, de caminhar nas estradas do Senhor! Vale a pena! Mesmo que esteja lutando e a luta esteja difícil, chegará o seu momento, pois a graça de Deus nunca deixa de trabalhar em você!

REFLEXÃO

Para encerrar, faça uma oração pedindo que Deus lhe dê forças para persistir nesse caminho de conversão. Abra seu coração para enxergar toda graça que está preparada para você.

Pai Santo, agradeço-Lhe e bendigo-O por tudo o que está realizando na minha vida, no Seu silêncio e na Sua paz. Neste momento, Senhor, quero pedir que a potência do Seu amor possa transformar a minha vida, pois conhece minha fraqueza, minhas dores, e sabe quanto desejo a transformação, embora me sinta fraco e limitado.

Quero agora dar-Lhe a liberdade da minha vida, para que a Sua graça possa trabalhar em mim e mudar minha história.

Senhor, envia sobre mim o Seu Espírito e aja com o poder do Seu amor sobre tudo o que sou e tenho.

Amém!

Capítulo 11

Viver a cura diária

Depois de tudo o que passamos, o Senhor nos convida a sentir Seu consolo. Uma visão de um Deus que nos coloca no Seu regaço, nos Seus braços de amor, e dá tudo de que necessitamos, dá alegria ao nosso coração, e fortalece no amor o nosso corpo cansado da caminhada.

Em Isaias (66, 10-14), temos:

> Regozijai-vos com Jerusalém e encontrai aí a vossa alegria. Vós todos que amais. Com ela ficais cheios de alegria, vós todos que estás de luto. A fim de vos amamentar a saciedade em seu seio que consola. A fim de que sugueis com delícia seus peitos generosos, pois eis o que diz o Senhor: vou fazer a paz correr para ela como um rio, e como uma torrente transbordante de opulência das nações. Seus filhos serão carregados ao colo e acariciados no regaço. Como uma criança que a mãe consola, sereis consolados em Jerusalém. Com esta visão, vossos corações serão consolados de alegria e vossos membros se fortalecerão como plantas, o Senhor manifestará aos seus servos o Seu poder e aos Seus inimigos a Sua cólera.

170   O Plano de Deus

Meu irmão, o Senhor hoje nos dirige uma palavra profética. A palavra do Senhor diz que: "Regozijai-vos com Jerusalém e encontrai aí a vossa alegria". Jerusalém era o local do templo, em que estava o Santo dos santos. A Palavra diz que nós devemos encontrar a nossa alegria aí, onde está o Santo dos santos. Na Igreja, na presença do Senhor, diante do Senhor Eucarístico, está a nossa alegria.

O Senhor deseja, com a Sua presença, alimentar o nosso espírito diante d'Ele, pois eis o que diz o Senhor: "Vou fazer a paz correr para ela como um rio...", quando nós estamos alimentados pelo Senhor, a paz corre em nosso coração. E seus filhos serão carregados, ou seja, seremos carregados ao colo e acariciados no regaço.

O Senhor nos carregará, não caminharemos mais com as nossas forças, com as nossas pernas, com o nosso esforço que nos faz pesar. É Ele quem nos acaricia, que consola nossas dores interiores, como uma criança é consolada no regaço pela mãe. Teremos consolo em Jerusalém, ou seja, teremos consolo diante d'Ele, na Sua presença.

Veja que interessante, o Senhor usa diversas vezes a palavra *consolo*, porque Ele é um Deus de consolação. Deus consola o Seu povo, Deus consola os seus. Deus nos consola, somente se quisermos o Seu consolo, pois somos livres para aceitarmos o Seu consolo ou não.

Deus nos consola quando aceitamos nossos caminhos, nossas cruzes, mesmo sem entendê-los, porque é Deus que vem em socorro de nossa aflição da mesma forma que Jesus aceitou seu caminho, que era um caminho de cruz, e também foi consolado pelo Pai.

Existem dias que pedimos ao Pai: "Venha lutar por mim, Senhor, venha ser a minha força". Contudo, devemos lutar contra o nosso cansaço. Afinal, quem não cansa da luta? Quem não pede a Deus um dia de trégua? Um só dia sem luta, um só dia sem dor, sem sofrimento, sem angústia, sem solidão, sem medo, sem o que o oprime a vida? Todos nós já passamos por isso, mas não existe essa trégua no tempo, essa trégua está em Deus, encontramos n'Ele essa paz, essa esperança, pois só Ele tem o poder acima de tudo de transformar nossa imensa dor em esperança, nossa cruz em renascimento, nosso abandono em consolação.

No Evangelho de João, Jesus disse: "No mundo havereis de ter tribulações" (João 16, 33); "Mas Eu venci o mundo". Assim, as tribulações, os sofrimentos, as provas, virão e nós não somos isentos, mas Jesus nos mostrou que Ele venceu o mundo e agora a palavra nos ensina como vencer também – deixando-nos consolar por Deus.

Nós devemos ser homens que enfrentam a vida, que não batem o pé diante de Deus, diante do sofrimento. Devemos nos tornar crianças que aceitam tudo e se lançam com total dependência no amor do Pai. Pois é assim que Deus refaz o homem interiormente, porque recria a esperança de uma nova vida.

A virtude da fortaleza é muito importante, pois ela nos ensina a enfrentar as dificuldades, as tribulações, as provas. Ela nos ajuda a enfrentar o nosso caminho. O nosso caminho de uma forma sobrenatural, ou seja, com a graça de Deus em nós, com Deus conosco. Até de uma forma heroica. E nós podemos enfrentar tudo na nossa vida com essa virtude da fortaleza, ou seja, sendo fortes, erradicados, fortalecidos no amor de Deus. Diante de cada situação temos sempre duas escolhas. Permanecer no Senhor ou fugirmos da presença do Senhor.

A fortaleza é escolher o caminho de permanecer na santidade. Permanecer no Senhor, fortalecido pelo Seu consolo sem desistir da missão que Ele nos deu. E quanto mais reconhecermos a nossa fraqueza, mais atraímos a misericórdia de Deus, que vê a nossa miséria e nos fortalece com a Sua

172 O Plano de Deus

graça. Afinal, o próprio Senhor disse que o médico não é para os sãos, é para os doentes. Ele é para aqueles que são fracos. Porque Ele é um Deus de amor.

É interessante que, nos momentos de dor, pessoas que esperávamos que pudessem nos consolar, que deveriam estar mais perto de nós, são muitas vezes as que estão mais longe, e Deus providencia outras para nos consolar também com o seu amor.

Assim, o Senhor diz a Palavra, manifestará aos Seus servos o Seu poder. Porque o Senhor é poderoso na vida de seus servos, o Senhor quer manifestar o Seu poder, e aos inimigos, aqueles que querem a sua ruína, o Senhor manifesta a Sua cólera.

Então, irmão, deixe-se consolar por Deus. É assim que você experimenta a cura.

Deus tem um pacto eterno de amor em sua vida

Independentemente do seu deserto, da sua dor, saiba que Deus tem um pacto de amor eterno em tua vida!

Há certos momentos na vida em que temos vontade de jogar tudo para o alto, temos vontade de viver como os pagãos, que se permitem tudo para buscarem a própria realização. Infelizmente, muitas vezes também nos assemelhamos aos pagãos, e nos tornamos ateus práticos, pois o ateu prático não é aquele que diz "Deus não existe", mas aquele que diz: "Deus não age em minha vida". E quando deixamos de acreditar no amor de Deus, e no seu pacto de amor em nossa vida, quando nos deixamos vencer pelo medo, pela insegurança, pela desesperança, pelo sentimento de não nos sentir perdoados, vivemos como se Deus não existisse.

Viver a cura diária **173**

Eu lhe digo: não deixe de crer no Deus do impossível! A Sagrada Escritura nos diz por meio do profeta Isaías: "agindo Eu, quem impedirá"? Mesmo que às vezes você não tenha forças e se sinta tentado a não crer nas promessas de Deus, seja porque ele está demorando muito, seja porque você não vê sinal da parte d'Ele em sua vida, eu digo: deixe Deus trabalhar, Deus trabalha no silêncio e no amor.

Deus tem um pacto eterno de amor em sua vida! Deus possui uma aliança de amor conosco e não nos abandona. Ele tem um compromisso, e a Sua palavra em nossa vida não cai por terra, pois a Sua palavra não é a de um homem, é de Deus, e a Sua palavra é sempre uma promessa de amor em nossa vida.

Para falar do pacto de amor que Deus tem conosco, poderia muito bem retornar ao Antigo Testamento, no qual encontramos textos belíssimos do pacto eterno de amor de Deus por nós, mas quero refletir com base no Novo Testamento por intercessão da Virgem Maria, a Sua e nossa mãe.

Disse tudo isso para que possamos entrar no grande mistério do amor de Deus; mas qual é o pacto eterno do amor de Deus por nós, e como podemos vivê-lo?

Um PACTO, segundo as Escrituras Sagradas, é um contrato, uma aliança, um acordo, mas um acordo feito de Deus para o homem, que, embora frágil e pecador, passível de ruptura da aliança e da palavra de honra dada a Deus, é sustentado por um amor maior, pelo amor misericordioso de Deus, que supre a infidelidade do coração do homem.

Para isso, usemos o primeiro milagre de Jesus a pedido de Maria nas Bodas de Caná. Jesus, embora declarasse que aquele ainda não era o momento oportuno, faz conforme Maria Lhe pede. Nessa belíssima passagem, vemos Maria como intercessora e evangelizadora.

Como intercessora, Ela apresenta a Jesus simplesmente a necessidade dos que participam da festa de bodas: "Não há

174 *O Plano de Deus*

mais vinho" (João 2, 3). Já como evangelizadora, a segunda palavra de Maria que encontramos no quarto Evangelho é significativa não só pelo que diz, mas também por aqueles aos quais diz: "Fazei o que Ele disser".

A visão do Evangelho de João é nitidamente teológica e contribui para realçar o papel de Maria no mistério de Jesus. Assim, o Evangelho de João articula os três elementos, Maria Mãe de Jesus, Maria Mulher e Maria Mãe dos discípulos.

Maria é a Mulher da aliança do pacto de Deus. É ela que, em Caná, intercede pelos esposos. Hoje, ela nos ensina a fazer o que o Filho disser e cuida para que a água das nossas pobrezas, tristezas, desesperanças e angústias sejam transformadas no vinho da alegria, fruto da ação do Espírito do Cristo ressuscitado em nós.

As bodas de Caná são, de forma metafórica, a festa da alegria da aliança de Deus com a humanidade, trazendo a presença de Deus na alegria, e não no rigor da lei, transformando seiscentos litros de água em seiscentos litros de vinho.

O Evangelho é um pouco estranho, trata-se do Evangelho da automanifestação de Jesus, do seu primeiro milagre, que é ainda hoje contestado por muitos que leem a Sagrada Escritura, pois, segundo alguns teólogos da herética Teologia da Libertação: "Com tantos problemas no mundo, por que o Senhor transformaria 600 litros de água em 600 litros de vinho"?

Talvez alguns considerem um gesto supérfluo, mas em uma festa de bodas não era! Será que para aqueles jovens esposos e para o povo ali presente era realmente supérfluo? Será que Jesus não se preocupa com os pequenos detalhes para nos mostrar quanto nos ama? Será que Jesus não quer a alegria de nosso coração?

Deus é o Deus dos detalhes e é nesses pequenos detalhes que Ele se manifesta em nossa vida, em todo momento. Ele

Viver a cura diária **175**

se manifesta nas prováveis coincidências que acontecem ao longo do dia, que na verdade são providências que Deus prepara com carinho para nos mostrar que está olhando por nós, atento às nossas necessidades, aos nossos pedidos.

Aquele detalhe, um telefonema que acontece bem na hora que entramos em casa; a lembrança de alguém que ao mesmo tempo se lembrou de você; um emprego na hora certa, quando a situação já parecia sem solução; o dinheiro na carteira que precisava para comprar o lanche; uma pessoa que faz uma doação do que estava faltando na casa; enfim, providências que Deus vai preparando, das mais supérfluas às vitais. Deus, em seu infinito amor, infiltrado em nosso dia a dia. Amando-nos sem que percebamos. Nos detalhes.

Quando não acreditamos mais no amor de Deus e achamos que nossa dor está insuportável, e pedimos um sinal a Deus de Seu amor por nós, Ele o envia de uma maneira muito clara. Nós, no meio do furacão do problema, não conseguimos enxergar, porém, quando olhamos para trás, depois que a tormenta passou, vemos os sinais desenhados em nossa frente e, então, exclamamos: "Olha como Deus é perfeito! Não há situação sem solução. Não há beco sem saída que Deus não coloque a mão em algum momento para solucionar, com festa no final, com vinho, com vida".

No entanto, precisamos entrar na festa com roupa de festa, com sorriso de festa, com maquiagem de festa. Não há festa se não quisermos. Não adianta Deus querer nos dar vinho, transformar nossa água em vinho, se não estamos com a festa preparada para receber, se estivermos entregues e na falta do vinho encerrarmos a festa sem pedir a Deus: transforme nossas dores em alegria! Quero ser feliz! Transforme minha água em vinho! Não virá. Não há milagre para nos mudar, tem de vir de nós a vontade de sermos alegres, de encararmos a vida com o amor de Maria que sofria a morte

176   *O Plano de Deus*

e a flagelação de seu filho e depois disso soube ter amor suficiente para se tornar a Rainha da Paz, sem revolta, sem amargura.

Quando vemos a morte de perto, quando estamos no limite, vivendo no extremo, parece que os valores começam a ter seu peso real. É uma pena que a maioria das pessoas não consiga ver isso sem ter de chegar tão perto da morte, na dor. Nada aqui na terra tem tanto valor quanto estar em paz, sem dor, sem sofrimento físico ou espiritual. Não há remédio que tire essa dor ou que traga esse bem-estar. O único remédio está na busca da alegria de Jesus Cristo, de estar com quem precisa de Seu amor.

Quem não quer amor ou não busca esse amor, não consegue entender a alegria da doação. Trata-se de doar amor para receber amor, sem visar recompensa, mas a consequência natural do gesto. Alguns podem se perguntar: "Mas Jesus foi amor e morreu, adiantou"? Jesus foi muito amado, e é muito amado, foi feliz e cumpriu Sua missão. Morreu como todos nós um dia vamos morrer, mas devemos partir com o coração livre. Com a certeza de que, nesse momento, transpiramos a felicidade de existir.

REFLEXÃO

Viver a cura diária é acreditar que Deus transforma a Sua vida constantemente, levando-lhe para cada vez mais próximo da sua terra prometida, da sua festa, da alegria de ser como vinho novo. Viver a cura diária é permitir ser luz para aqueles que estão a sua volta, sendo prova viva do amor de Deus.

Então, faça uma oração e sinta a paz que Jesus quer lhe ofertar neste momento:

Pai Santo, neste momento, coloco-me como criança nos Seus braços, com minhas dores e meus sofrimentos, Entrego-Lhe tudo para que o Senhor console o meu coração ferido. Para que o Senhor dê a paz ao meu coração. Para que o Senhor cure as minhas chagas. Peço para que o Senhor transforme o meu luto em alegria. Peço, Pai Santo, que o Senhor verta todo o Seu amor em meu coração. Que o Senhor me dê esse olhar espiritual para que eu possa olhar além e consiga enxergar a profecia que o Senhor me dá. Dê-me uma vida alegre, feliz, consolada no Seu amor. Peço, Pai, que o Senhor derrame toda a Sua graça e o Seu amor em mim.

Senhor Jesus, peço que o Senhor console o meu coração, mesmo que ele se encontre preso à tristeza da vida, ao luto de morte, à dor do sofrimento físico, à culpa do pecado, peço, Senhor, liberte-me. Toca meu espírito para que eu verdadeiramente seja curado e perceba Seus sinais em meu dia a dia.

Amém!

Por fim, ore com amor e confiança a oração que o próprio Senhor Jesus nos ensinou, pedindo a cura do seu coração: Pai Nosso...

Capítulo 12

Confiar nos planos de Deus

Confiar em Deus é premissa na vida do cristão. Pois o verdadeiro seguidor de Cristo sabe que é nos braços do Senhor que deve depositar todas as suas esperanças sobre o futuro. Assim como falamos sobre o tempo de Deus, e sobre como Ele sabe a hora certa para nos entregar tudo o que pedimos e até mesmo o que não pedimos, sobre como Ele sabe fazer-se necessário para nossa felicidade, o mesmo ocorre quando falamos de confiança.

Confiar também significa saber esperar. Significa deixar todas as dúvidas de lado e elevar a alma e o coração para Aquele que é maior que tudo. Para isso, dois pilares são fundamentais:

1) **Oração:** a oração, como já refletimos, é o nosso diálogo com Deus, o momento de encontro e de entrega de todos os nossos planos a Ele.

2) **Comunhão:** a comunhão é se tornar um com Deus. É o desejo maior de nossa oração — que o Senhor faça morada em nosso coração. Na Santa Missa, quando comungamos o corpo e o sangue de Cristo, Ele habita em nós, e devemos nos deixar ser conduzidos por

Ele. Contudo, a comunhão deve ser diária. Estar em comunhão com Cristo em todos os momentos e lugares é ser constante na fé, na sua identidade de cristão verdadeiro.

Abandone-se em confiança

Desejo que a palavra do Senhor possa ser luz para sua caminhada, que ela possa trazer força ao seu coração, seja palavra de ânimo, muito amor e paz! Pois, quando o Senhor dirige uma palavra, Ele deseja que ela nos alcance logo, para que possamos sentir o bem que Ele quer nos fazer. Afinal, quando a Sua palavra passa pelo nosso ouvido e é acolhida em nosso coração, tem a capacidade de curar-nos e trazer-nos de volta à vida.

A palavra é de Eclesiástico (2, 7-13):

Vós que temeis o Senhor, esperai em Sua misericórdia. Não vos afasteis d'Ele, para que não caias. Vós que temeis o Senhor tendes confiança n'Ele. A fim de que não se desvaneça a vossa recompensa. Vós que temeis o Senhor, esperai n'Ele. Sua misericórdia vos será fonte de alegria. Vós que temeis o Senhor, amai-O e vossos corações se encherão de luz. Considerai meus filhos as gerações humanas. Sabei que nenhum daqueles que confiaram no Senhor foi confundido. Quem é aquele cuja oração foi desprezada? Pois Deus é cheio de bondade e de misericórdia. Ele perdoa os pecados no dia da aflição. Ele é o protetor de todos que verdadeiramente o procuram.

Espera na misericórdia do Senhor, respeite-O por amor e não tenha medo. Tudo isso para que a misericórdia de Deus possa agir em sua vida no tempo certo. Ou seja, o Senhor quer lhe dizer, meu irmão, para que espere porque tem

180   O Plano de Deus

algo reservado para você que Ele deseja fazer. Tem algo que Ele deseja agir, que Ele deseja criar. Tem algo que o espera, que não é uma desgraça, mas um ato de misericórdia e amor de Deus que o espera para acolhê-lo.

Muitas vezes, imaginamos, olhando o nosso futuro, que lá para a frente tem algo de muito ruim ou muito triste que nos pode acontecer, porque ainda olhamos a nossa vida com o humano, olhamos ainda nos culpando dos pecados passados e nos condenando, e achando que Deus nos condenará por tudo que fizemos, e esquecemos que Deus não nos condena, Deus nos ama, e sofre conosco até as consequências de nosso pecado.

Ele, na sua misericórdia, nos surpreende, e cria para nós o paraíso. Dá-nos sempre uma chance para recomeçar em nossas quedas, de sermos curados. O Senhor tem algo grande para fazer na sua vida, algo que supera o conhecimento e até o entendimento da situação que você está vivendo. Talvez você não consiga ver, porque está no olho do furacão, está sofrendo a situação presente, mas tenha certeza: o tempo é um grande aliado, e, com Deus no controle, esperando com paz no coração, confiando tudo ao Senhor, deixando-O agir no silêncio, tudo se resolverá.

A Palavra diz: "Não vos afasteis d'Ele para que não caias". Não nos afastar de Deus significa viver com Ele, estar com o coração n'Ele, pedindo orientação, discernimento, estando em oração. Se preciso, faça novenas e campanhas noturnas, acordando de madrugada para orar, pedindo que Deus intervenha com o Seu braço poderoso e a Sua misericórdia nas situações que estamos vivendo. É estar em comunhão com Ele!

"O tempo de Deus não é o nosso tempo", já ouvi isso tantas vezes, e já falei isso tantas outras. Sei que é difícil esperar, mas é necessário, tenha paciência, pois a espera não

Confiar nos planos de Deus **181**

é apenas no sentido de esperar que do Senhor venha algo maior, que venha a Graça, mas é também esperar no tempo, que significa ter uma confiança real de que a demora não é para torturá-lo, mas para que tudo seja feito no tempo certo de Deus.

Em tantas dificuldades que passei, nunca houve uma promessa que não fosse cumprida. Elas podem demorar, podem vir quando menos esperamos, ou até mesmo quando já tínhamos desistido... No entanto, vêm, perfeitas, completas, pois Deus não faz pela metade, faz tudo perfeito.

A Palavra diz: "Vós que temeis o Senhor, tende confiança n'Ele". É como uma mãe (as mães que estão meditando comigo sabem disso): carrega o seu filho com amor e o protege, e o filho confia nela, ele não procura saber aonde a mãe o vai levar, ele se abandona, ele solta o seu corpo no colo da mãe e a deixa conduzi-lo. Assim deve ser o nosso abandono, a nossa confiança em Deus!

O Senhor nos chama neste momento a nos abandonar nessa confiança de que Ele agirá. Tenha confiança n'Ele. Espere. Confie. Tenha calma, que Ele vai agir, a fim de que não desvaneça a sua recompensa. Porque, quando não confiamos, atropelamos as coisas, agimos como não deveríamos, de impulso e, então, perdemos a recompensa.

A espera no Senhor é feita de fé e esperança. Precisamos ter fé forte no Senhor de que sua promessa será cumprida e esperança de estarmos aqui para vê-la cumprida. Dizer que esperamos no Senhor enquanto ao mesmo tempo tentamos fazer do nosso modo, para Deus é o mesmo que negar Sua preciosa ajuda. É um exercício constante de parar com a nossa teimosia humana, a ansiedade, a pressa.

Aprendi com a dor da espera que devemos pedir o que queremos e ao mesmo tempo entregar nas Suas mãos a decisão, pois o apego a um resultado previamente estabelecido

182 O Plano de Deus

em nossa mente pode nos trazer a impressão de uma promessa não realizada. Pois nem sempre aquilo que queremos e pedimos ao Senhor, aquilo que consideramos ser a nossa promessa, ou a nossa recompensa, aos olhos atentos de Deus, é o que devemos ou estamos prontos para receber.

A entrega nas mãos de Deus é o segredo da paz, da felicidade. Trata-se de um exercício diário de entregar o nosso dia em Suas mãos e agradecer pelas Suas decisões, cientes de que não seremos abandonados por Ele. Em cada decisão d'Ele em nossa vida, está o Seu amor e a Sua misericórdia por nós. Tudo é planejado por Ele, e se a recompensa não veio hoje, amanhã virá melhor. Fácil? Não, nem um pouco... No entanto, este é o exercício de amar e confiar em Deus. E sabemos que é amando ao Senhor que nosso coração se encherá de luz e as trevas serão dissipadas.

Então, meu irmão, AME o Senhor, com a sua oração sincera, amando os demais irmãos, doando-se naquilo que faz. Ame o Senhor vivendo o que Ele lhe pede. Ame o Senhor vivendo os Seus mandamentos, mesmo que custe, pois esse sofrimento de amor e fidelidade lhe trará paz ao coração, e levará a dor do pecado para longe de você.

O amor sem confiança não é amor verdadeiro. Deus quer que você seja verdadeiro, que você ame, com o seu melhor amor. Deus quer que você confie Nele e também no seu próximo, naquele que Ele colocou em seu caminho. Entenda: se você não ama, não confia, vive no medo, na desconfiança, na preocupação, se consome. Devemos ter tanto com Deus, quanto com os irmãos, cuidado mútuo em nossas relações, nos doar.

Lembre-se daqueles que perseveraram em Deus. Nenhum daqueles que confiaram no Senhor foi confundido... Então, meu irmão, se você confia no Senhor, você não será confundido!

Confiar nos planos de Deus **183**

Todos aqueles que querem o seu mal, que querem prejudicá-lo serão confundidos. Todos aqueles que falam mal de você, que têm a língua afiada, que inventam calúnias, que, por raiva, falta de perdão, levantam falsos testemunhos contra você, todos, serão confundidos. Quanto a você, simplesmente silencie, não se defenda, deixe Deus defendê-lo. Ele sabe da retidão do seu coração, da sua bondade, dignidade e honestidade, Deus é maior que as palavras humanas que são como o vento que passa.

O Senhor é o protetor de todos aqueles que o procuram de verdade, de coração sincero. Então, meu irmão, busque o Senhor mais do que nunca! Com um coração sincero, com entrega total de amor.

REFLEXÃO

As palavras de ordem são: confiança, espera e respeito. Respeite o Senhor por amor, espera e confia n'Ele. De um modo especial, espera e confia, pois a Sua misericórdia agirá. Aqueles que esperam e confiam no Senhor, diz a palavra, não serão confundidos. Nós não seremos confundidos.

A última palavra é a de Deus. Lembre-se sempre disso!

Para encerrarmos este capítulo e essa meditação tão profunda, reze a Deus:

Senhor, neste momento quero louvá-Lo e agradecê-Lo por este momento de graça. Pela Sua palavra que diz que não serei confundido por confiar em Ti.

Agora, Senhor Jesus, que estou de mãos atadas em tantas situações problemáticas na vida, muitas vezes em virtude de meus erros e pecados, por minhas falhas, e outras situações que apareceram, entrego cada dificuldade em Suas mãos.

184 O Plano de Deus

Peço, Senhor Jesus, que tome a frente de cada situação.

Peço, Senhor Jesus, que a Sua misericórdia veja o meu coração e traga-me a paz.

Entrego-lhe tudo neste momento, Senhor, para que me dê o direcionamento, dê rumo a cada coisa que eu não posso. Guia, Senhor Jesus, a minha vida. E mande sobre mim o Seu Espírito para que eu seja conduzido conforme a Sua vontade.

Senhor, peço que cure o coração de todos aqueles que perderam a confiança, que sofreram decepções causadas pelos homens, peço, sobretudo, que o Senhor cure o coração daqueles que vivem centrados na desconfiança, desacreditando do amor de Deus, e do amor do outro.

Cura, Senhor, o coração dos magoados e feridos pelos sofrimentos da vida, daqueles que desconfiam do Seu amor, da Sua bondade e da Sua paternidade. Ajuda-os a ver que o Senhor tem um futuro bom para cada um deles, e quer lhes dar amor.

Peço, Senhor, a cura do relacionamento com meus pais, todos os traumas, todas as dores, todas as lembranças, que me fazem desconfiar do amor de Deus e da Sua proteção sobre mim.

Pelas Suas santas chagas, cura, Senhor, as minhas enfermidades, quero assumir a graça infinita que me concedeu ao carregar meu fardo na cruz. E me ofereço em confiança para servir conforme Seus projetos para mim.

Amém!

parte 4

Vida Nova

*Deus quer lhe dar
uma vida nova.
Aceite e acredite:
você está curado!*

Capítulo 13

O reino dos céus é para os pequenos

A conversão é meu encontro e reconhecimento de filho com o Pai que é Deus. No nosso livro, vamos discorrer melhor a figura do Pai de Misericórdia, no capítulo 14, no retorno à casa do Pai.

O Senhor Jesus disse no Evangelho de Mateus (18, 3): "Em verdade vos declaro: se não vos transformardes (converterdes) e vos tornardes como criancinhas, não entrareis no Reino dos céus". São Palavras fortes e profundas. Esse evangelho é um chamado para viver em relação de amor, de confiança, de abandono a Deus, e aos irmãos, é uma chave para a conversão verdadeira.

A comunidade cristã, a Igreja, nada mais é do que a reunião, a convocação dos fiéis, e o meio para a realização dos filhos do único Pai no seu projeto de salvação e amor. Assim, o nosso ser filho se realiza na Igreja, no lugar que é o mistério da presença de Deus, o seu sacramento no mundo. Isso para mostrar que a entidade comunidade é muito importante neste mundo globalizado, no qual cada um vive por si, sozinho, independente, autônomo, e esse comportamento com o outro revela também qual é o nosso comportamento perante Deus.

O reino dos céus é para os pequenos **187**

Sobre isso, há uma mensagem muito forte no Evangelho que serve para nos guiar a fim de que vigiemos nosso comportamento: "Neste momento os discípulos aproximaram-se de Jesus e perguntaram-lhe: 'Quem é o maior no Reino dos céus?'" (Mateus 18, 1).

Já diante desse versículo, podemos nos perguntar qual é o demônio que nos divide. Acredito que a resposta é o querer ser "maior" que o outro, colocar o "meu eu" no centro de tudo — e esse é o pecado original, que tem o poder de excluir todos os outros a tal ponto de excluir o próprio Deus de nossa vida.

Segundo Marcos (9, 33-37), essa cena se desenrola em Cafarnaum, na casa de Pedro, símbolo da Igreja. A confusão gerada serve para mostrar teologicamente que, quando há uma discussão, o que interessa é quem tem razão, não importa a verdade. E quantas as vezes que fazemos de tudo para impor nosso ponto de vista? Queremos ser o juiz do outro e da situação a qualquer custo.

Assim, o homem torna-se infantil, competidor e intolerante em nome do status, cheio de si. Desse modo, o homem perde a consciência de seu limite, como meio e fonte de aceitação também do limite do outro e da ajuda do outro como um companheiro de caminhada.

Santo Inácio de Loyola, o grande general de Cristo, disse que o homem busca o Magis, o homem quer sempre mais. No entanto, só descobre o verdadeiro sentido da vida quando encontra o verdadeiro Magis, o verdadeiro mais e maior, o Senhor, o único capaz de saciar a sua alma.

Jesus é o primogênito dos irmãos, porque é o servo último. Ser simples, humilde, não significa perder a sua dignidade, mas realizá-la, colocando-a como serviço, pois, se alguém quiser ser o primeiro, deve ser o último (Mc 9, 35).

188 O Plano de Deus

Entretanto, enquanto os discípulos queriam saber quem era o maior, Jesus chamou uma criancinha, e colocou-a no meio deles (Mateus 18, 2).

Todo o discurso de Jesus faz-se com essa imagem da criança no centro, no meio deles.

Em grego a palavra "criança" (*Paes*) significa escravo, servo. Para um hebreu, a criança é apenas um apêndice da mulher, ou seja, é como a mulher. Ela é propriedade do homem, do marido, como se faltasse apenas, como os cavalos, ser marcada à força e a fogo como sua propriedade. Contudo, teologicamente, o que quero dizer é que ninguém é propriedade de si mesmo, e essa é a condição de cada homem. A criança é de alguém, uma criança é filha de alguém, de modo intrínseco está ligada a quem a gerou.

A criança em si representa uma situação de pobreza que a leva a receber tudo, e o interessante é que Jesus quer nos ensinar que é nessa fraqueza que está a nossa força, pois o nosso limite se torna o ponto vital da acolhida, da necessidade do outro e de Deus.

A teologia trinitária nos ensina que o Pai está todo no filho, da mesma forma que o Filho está todo no Pai, e o Espírito Santo está em ambos como amor recíproco de todos os dois. Do mesmo modo é a criança, que depende a tal ponto de ser incondicionalmente livre para receber amor, e esse é o reino da verdadeira liberdade.

A criança, que vive como se espera, dependente, necessitada, acolhedora, torna-se filha com todas as palavras, e Jesus põe isso no centro da comunidade dos discípulos. Ele não coloca aqueles que queriam ser poderosos e grandes, mas a criança, mostrando que o maior é aquele que tem a necessidade de ser de alguém, de ser do outro, de ser dependente, de ser aquele que recebe e possui a necessidade de ser amado e recebido.

O reino dos céus é para os pequenos **189**

Com 13 anos um hebreu torna-se adulto, pois é a idade na qual a criança passa a ser independente de seu pai e de sua mãe para ser dependente apenas de Deus, da Palavra. Para eles, isso significava ser adulto. Os pais eram apenas instrumentos para gerar a vida, e a criança, adquirindo a sua maturidade, entendida não como idade, mas como relação de confiança e amor para com Deus, criando relação de fraternidade, compreensão e acolhida do outro, tornava-se unicamente de Deus.

Em Marcos (9, 36-37) se diz: "Depois, Jesus tomou uma criança em seus braços, colocou-a no meio deles, e disse: 'Aquele que receber uma destas criancinhas em meu nome é a mim que recebe, e aquele que me recebe, não é a mim que recebe, mas sim aquele que me enviou'".

Com o texto de Marcos, Jesus nos ensina que a nossa essência é ser como criança, e aqui nos perguntamos: O que possuo que não recebi? Recebemos tudo. Se existimos é porque somos amados e pensados; se nos deixamos amar por Deus, devemos também aceitar e amar o outro, e, se assim não o fazemos, estamos em luta conosco, com Deus e com os demais.

A humildade de nos reconhecermos como pequenos nos torna humanos. Essa criança com a qual Jesus se identifica é o exemplo concreto que nos ensina a acolher e nos tornarmos o menor a exemplo de Deus, que é o maior e se faz pequeno. Pois Ele acolhe, e este é o segredo: quem acolhe se faz pequeno, e, quanto mais acolhe, mais deixa espaço para o outro. Como Deus, torna-se o maior fazendo-se o menor, sendo Ele o maior.

Em vez de brigar para ganharmos espaço, o Senhor nos ensina que em Seu nome devemos acolher o menor para poder acolher ao próprio Deus, o filho de Deus identificado com o outro, e ao mesmo tempo essa acolhida do outro nos identifica com o Pai.

190   O Plano de Deus

Jesus toma uma criança nos braços para dizer que ela, que necessita de tanta coisa, que recebe tudo, é a representação de algo que está enraizado em nós: a condição de criatura possuidora da necessidade de ser acolhida, a necessidade do outro. Quem não reconhece essa condição de dependência, não encontra a paz.

Deus não quer que o homem seja criança, no sentido de ser infantil, mas somos convidados por Ele a nos tornarmos como crianças, que tudo recebem, nada têm, nada possuem, além de sua filiação e de sua dependência. Ou seja, não significa brincar com as armas de destruição, com o coração, com a própria vida e os prazeres do corpo e da alma, mas experimentar a inocência, pureza e divindade ao lado de Deus. Sendo sinceros em nosso amor e em nossas ações.

Tornar-se criança coloca em jogo a minha realização como pessoa, o meu comportamento comigo mesmo, o qual também deve ser como o da criança consigo mesma. Devemos escutar a criança que há dentro de nós, que é acolhida, que tem sonhos e esperanças.

Se deixássemos um pouco de lado o nosso raciocínio endurecido pelo sofrimento, pelos traumas e pela vida, poderíamos nos colocar na presença de Deus, e rezar com mais facilidade pelos caminhos que Ele nos conduz. Poderíamos ver e perceber a que Deus está nos preparando, desde a nossa infância, por meio das inspirações, dos sonhos, dos desejos, e até das brincadeiras.

Então, tornar-se como Deus não é caminhar como Adão, que quis se igualar ao Criador, mas é acolher a nossa condição, recebendo outro e acolhendo-o.

É belo saber que Jesus nos convida a nos tornarmos criança, partindo de um estado em que já estamos comprometidos com o pecado, com os vícios, com as más inclinações. Jesus acredita que podemos mudar nossas relações para, com a graça, com o amor de Deus, dilatar nosso coração e viver tudo com liberdade, gratuidade e amor.

O homem deve se tornar grande, não com a grandeza humana, mas com a grandeza de Deus, e qual é a grandeza de Deus? É dar espaço ao outro.

Uma imagem poética para entender esse ponto é o mar que a certo momento define o seu confim com a terra, e retira-se para que haja a terra firme. Assim é Deus, que se retira para fazer aparecer o homem, para que ele seja algo e por isso não domina, não tem inveja, apenas ama, pois o amor é a humildade de Deus, a realidade de Deus, servindo o homem sempre. Esta é a grandeza de Deus, para a qual somos chamados a nos assemelharmos.

Criança: modelo de acolhida

Muito aprendemos com as crianças. Pois sua pureza e sua tranquilidade revelam muitas vezes os caminhos da vida adulta. São José Cotolengo, ainda criança, foi surpreendido pela mãe medindo o quarto e os cômodos de sua casa, e ela lhe perguntou: "O que está fazendo", ele respondeu: "Estou medindo a casa para ver quantos leitos de doentes cabem aqui"! O resultado desse sonho de criança foi que mais tarde Deus se serviu dele para fundar a congregação do Cotolengo, a pequena casa da Providência, que cuida de pessoas doentes.

Paulo da Cruz, quando pequeno, reuniu seus colegas de escola e pregava a eles a paixão de Jesus; mais tarde, tornou-se pregador e fundador de uma congregação de pregadores.

O garoto Marconi Guilherme permanecia dias inteiros desmontando e montando aparelhos, mais tarde tornou-se o inventor do rádio.

Dom Bosco, o grande fundador da família salesiana, quando criança sonhou com a Virgem Maria, as crianças e os

192 *O Plano de Deus*

jovens que se transformavam em lobos e depois em cordeiros, e mais tarde dedicou toda a sua vida a eles, a ponto de se tornar o patrono dos jovens.

Com certeza, esses sonhos e inspirações foram nada mais nada menos do que a potência de Deus, que os levava para fazer algo, para descobrir algo que o próprio Senhor queria deles.

As crianças nos ensinam a importância de nos comunicarmos bem com os nossos próximos. Prova disso foi a experiência do rei suíço, Frederico II, um grande cientista que conhecia latim, grego, italiano, árabe... Ele queria saber qual era a língua original da humanidade e fez um experimento: pegou sete crianças recém-nascidas e disse às mulheres que cuidavam delas que as deixassem e não lhes falassem absolutamente nada. Assim, quando crescessem, seria possível descobrir a língua original. No entanto, as crianças falaram alguma língua? Não, morreram todas! Porque o homem é comunicação e sem isso não há vida.

Tornar-se criança é um processo de se sentir acolhido e de acolher, aceitando-se sempre mais, porque somos aceitos pelo Senhor, e devemos aceitar o outro que vive conosco. Tornar-se criança, então, é tornar-se verdadeiramente um adulto, maduro, mudando o jogo de valores, em que o centro não é mais o meu eu, mas o outro.

Afinal, o maior por Excelência é Deus, e Ele se fez o menor, se encarnou, assumiu a nossa carne, e assim assumiu nossa condição para estar com todos, porque a Sua grandeza está no amor, e não na soberba e na exaltação.

Acolher significa dar espaço, deixar que o outro se movimente, se expresse, seja o que ele é de fato, e não colocar diante de nós uma máscara. Significa amar o outro como é, tendo em vista que Deus me ama, me acolhe como sou e tem paciência comigo, assim, do mesmo modo, devo agir.

O reino dos céus é para os pequenos **193**

Amar é acolher, é acolher o outro em mim, é colocar o outro também no meu coração. E o interessante é que muitas vezes buscamos fazer tantas coisas pelo outro de um modo até concreto, preocupando-nos com a sua saúde, fazendo comida, levando-o ao hospital, cuidando quando está doente etc., mas nós o acolhemos de verdade? Pois tudo isso é uma obra de caridade, e pode até ser filantropia, mas acolher o outro é acolhê-lo como ele é, em nosso coração, fazer coisas para o outro é diferente de acolhê-lo de verdade.

Certa vez, percebi que um rapaz dava comida para um morador de rua, que se sentia sem jeito, diminuído, enquanto o rapaz se sentia honrado, bom, prestativo, a tal ponto que o morador de rua achava-se interiormente humilhado em sua dignidade.

Quando acolhemos o outro como ele é, nós o acolhemos com todas as suas dificuldades e problemáticas, não esperando dar-lhe a solução e a resposta para tudo, pois não somos deuses, mas devemos lhe dar espaço, tempo e amor de Deus.

Então, que sejamos como crianças. Pois, como o próprio Jesus disse, quem não acolhe o reino de Deus como uma criança não entra nele! Santa Terezinha do Menino Jesus, a doutora da estrada da santidade nas pequenas coisas, dizia que a santidade não consiste em fazer grandes coisas, mas pequenas, vivendo a santidade em um abandono total como filho nas mãos do Pai, vivendo o próprio limite como lugar de acolhida.

A criança entende tudo, é pura receptividade, e torna-se aquilo que você lhe dá e diz, a relação com a criança é totalmente produtiva a ponto de ela se tornar o que acolhe e recebe. A criança interage, e por isso é fundamental a relação com a criança que está em nós, pois ela nos faz entender também o projeto de Deus em nossa vida.

194   *O Plano de Deus*

REFLEXÃO

Na verdade, Jesus ensina o caminho para ser o maior, e o caminho é se tornar o menor, mas o menor na mentalidade de Deus, que é a doação, o serviço e a humildade. Ser menor significa dizer não ao egoísmo, ao poder e à arrogância. Para entrarmos nos reino dos céus, devemos nos tornar pequenos, devemos mudar a nossa escala falsa de valores, e nos tornar acolhedores também daquele que é pequeno e fraco.

Acredito que a verdadeira pergunta dos discípulos era: Como fazemos para caminhar mais adiante? E Jesus responde: Caminhai um pouco atrás. Podemos achar que Jesus está brincando, mas Ele não brinca. O que quer dizer é que devemos nos colocar à disposição do outro, servi-lo.

Vamos terminar este capítulo meditando as palavras do Senhor para nós; palavras que nos comovem, que nos chamam a confiar nesse grande Pai que apenas nos ama.

Reflita sobre a Palavra que é colocada neste momento (Oseias, 11, 1-9):

Quando Israel era criança eu o amava, do Egito chamei o meu filho. Quanto mais, porém, eu os chamava, mais de mim eles se afastavam. Sacrificavam vítimas aos Baals, queimavam sacrifícios a seus ídolos. Sim, fui eu quem ensinou Efraim a andar, segurando-o pela mão. Só que eles não percebiam que era eu quem deles cuidava. Eu os lacei com laços de amizade, eu os amarrei com cordas de amor; fazia com eles como quem pega uma criança ao colo e a traz até junto ao rosto. Para dar-lhes de comer eu me abaixava até eles. Voltarão para o Egito, a Assíria será o seu rei, porque não quiseram converter-se. Como poderia eu abandonar-te, Efraim? Como poderia entregar-te, Israel? Poderia abandonar-te como a cidade de Adama? Ou eu

O reino dos céus é para os pequenos   195

poderia tratar-te igual a Seboim? O coração se comove no meu peito, as entranhas se agitam dentro em mim! Não me deixarei levar pelo calor de minha ira. Não, não destruirei Efraim! Eu sou Deus, não um ser humano, sou o Santo no meio de ti, não venho com terror! – oráculo do SENHOR!

Que o Senhor possa tocar seu coração e que você tenha um encontro verdadeiro com a criança que há dentro de você!

Amém!

Capítulo 14

Deus o espera de braços abertos

É chegado o momento de aceitarmos e seguir com fé o caminho proposto por Deus, que é aquele de alcançarmos uma vida nova. A partir do momento em que nos entregamos e entendemos que nossa missão é ser obra e instrumento de Deus, conseguimos finalmente sentir a verdadeira alegria. E experimentar a graça da cura.

Para sermos verdadeiramente instrumentos de Deus, devemos nos despojar de nós mesmos para realizar a Sua obra, e buscar fazer em tudo a vontade do Pai.

Acredito que a grande cura que o nosso coração precisa neste momento é nos sentirmos amados pelo Pai, para podermos nos tornar instrumentos d'Ele. Por essa razão, quero refletir com você o meio pelo qual podemos retornar ao coração de Deus, passando, assim, pela conversão do justo ao pecador.

No evangelho de Lucas, e em especial no capítulo 15, vemos três parábolas muito importantes, chamadas parábolas da misericórdia. Meditando-as podemos constatar que Deus é louco, louco de amor por nós!

Nessas parábolas, vemos como Deus faz coisas estúpidas segundo o raciocínio humano, para amar e salvar os seus filhos. Basta olhar a passagem do pastor que abandona 99

Deus o espera de braços abertos   197

ovelhas no deserto para ir atrás de apenas uma que se perdeu. Realmente é um pastor louco, pois nenhum pastor estaria hoje disposto a deixar 99 ovelhas sozinhas, para procurar a única que havia se perdido. Jesus quer dizer com isso que cada um de nós é único, e possui um valor absoluto para o Pastor.

O grande cardeal vietnamita François Xavier Nguyen Van Thuan, que teve como lema de vida "a esperança que enche de amor o momento presente", foi feito prisioneiro pelo regime comunista durante treze anos, nove dos quais em total isolamento.

Nesse período, ele não permaneceu de "braços cruzados" esperando a libertação; ao contrário, com a criatividade própria do amor, fez-se amigo dos carcereiros, construiu para si um crucifixo, celebrou a eucaristia clandestinamente e escreveu três livros. Ordenou sacerdotes na prisão, catequizou presos, e depois de uma vida luminosa morreu com câncer em setembro de 2002.

Esse cardeal entendeu que Jesus era louco de amor por nós e afirmava em um de seus livros que: JESUS TEM UM DEFEITO: NÃO "SABE" MATEMÁTICA, pois, se Jesus tivesse se submetido a um exame de Matemática, por certo teria sido reprovado. Afinal, para Ele, uma pessoa tem o mesmo valor de 99 e, talvez, até mais. Quem aceita tal procedimento? Apenas o Senhor!

A segunda parábola refere-se à mulher que varre toda a casa procurando a moeda, a dracma perdida. Trata-se de um símbolo de Deus que varre todo o mundo, canto por canto, para nos procurar – mesmo quando estamos no pecado. Quando Ele nos encontra, faz festa e gasta todo o seu tesouro conosco, para mostrar que somos nós o Seu bem mais precioso. A parábola quer dizer que Deus faz festa para o pecador.

O cardeal Van Thuan também dizia nessa parábola que Jesus tem outro defeito, Ele DESCONHECE A LÓGICA. Pois

198   O Plano de Deus

uma mulher possuía dez dracmas e perdeu uma. Então, ela acende a luz; varre a casa e procura até encontrá-la. Quando a encontra convida suas amigas para partilhar sua alegria pelo reencontro da dracma (Lucas 15, 8-10). De fato, não tem lógica fazer festa por uma dracma, mas assim Jesus nos ensina com seu defeito que o coração tem motivações que a razão desconhece. Jesus deu uma pista: "Eu vos digo que haverá mais alegria diante dos anjos de Deus por um só pecador que se converte, do que por tantos justos..." (Lucas 15, 10).

E a terceira parábola é a mais conhecida e chamada, de forma errada, de a parábola do Filho Pródigo, que infelizmente é ensinada na maioria das catequeses como a história do filho que pede a herança ao pai, e depois volta com o rabinho entre as pernas, arrependido.

Essa parábola está em Lucas (15, 11-32). Vamos entendê-la melhor.

No evangelho, Jesus aparece diversas vezes sendo criticado por comer com os pecadores públicos, e com essa parábola do Pai, Ele quer dar uma lição aos justos, aos escribas e fariseus, e mostrar-lhes por que e por quem Ele faz festa.

Nessa parábola, o Pai faz festa pelo filho mais novo (fmn) que nós chamamos de perdido, devasso, inconsequente e pecador, e, do outro lado, o filho mais velho (fmv) quer ficar de fora da festa, porque vem cansado do trabalho impecável que fazia todos os dias. Ao ver a festa e descobrir o motivo, sente-se justo em julgar o irmão e o pai. Havia nele um coração pequeno para amar, mas grande e largo para condenar, cheio de justiça humana. Que triste, quantas vezes julgamos a Deus também, dizendo "Olha a vida daquele, daquela... Deus dá tudo e eu... nada... sofrendo... infeliz...".

O fmv acha que o pai errou na medida de executar a sua justiça, e como não se conforma com o julgamento do pai, quer ficar de fora da festa oferecida ao fmn.

Esse texto além de expressar o retorno do Filho mais novo à casa do Pai, trata da conversão mais dura e difícil que pode haver no coração do homem, e não é a conversão do pecador. Pelo contrário, a conversão mais dura e difícil é a daquele que se sente justo, como Paulo falava em suas cartas: fazer o passo de passar da lei que é pedagogia ao Evangelho que é amor.

Para o que se sente justo é muito difícil abrir mão de sua justiça, de seu modo de julgar e pensar sobre Deus e seus irmãos, pois o justo quer justiça, quer ver aquele que infringiu uma lei, uma regra, pagar pelo que fez, e muitas vezes quer ver o pecador pagar em público o seu pecado para ser exemplo aos outros, vivendo no Antigo Testamento. Para nossa sorte, Deus não usa a justiça dos homens.

Se analisarmos bem essa parábola veremos que os dois irmãos são, na verdade, iguais. O fmn achava-se sobrecarregado de tantos afazeres e deveres, por isso pensava que era melhor ir embora de casa, trilhar o próprio caminho. Ele tinha uma ideia errada sobre Deus, assim como muitas religiões que pregam um Deus que escraviza o homem nos seus deveres, que quer o sangue do homem, o seu sacrifício, em troca do paraíso. O fmv, por sua vez, possui na parábola a falsa imagem do homem religioso, e serve o pai como escravo. Ou seja, os dois possuem a mesma falsa imagem de Deus.

Satanás sugere a todos nós que Deus é o patrão que nos quer fazer escravos de sua vontade, sendo Ele, então, o patrão de tudo, o legislador, o juiz. É Ele, então, que nos condena à morte eterna se não cumprirmos a lei que nos dá. Infelizmente, nas nossas Igrejas ainda se prega um Deus carrasco, que prega o olho por olho, dente por dente. Muitos pregam um Deus que pune, que condena. Essas pregações falam pouco do amor de Deus, estão carregadas de moralismos que cansam, que dão nojo!

200   O Plano de Deus

A nossa religião não é a religião da escravidão dos homens, porque Deus não condena ninguém, ao contrário, Ele morreu na cruz por todos os homens pecadores. Foi morto pelas mãos dos justos como blasfemador porque para aqueles um deus assim é um herético. Contudo, Deus se deixa julgar e condenar pelos justos para mostrar que Ele não é justo como os homens pensam, aliás, a Sua justiça é outra.

Diante dessas pregações enfadonhas, de ameaças, o homem que ainda não conhece o amor de Deus, pensa: "Se Deus é assim, eu quero a minha liberdade, quero ser um ser humano, livre e não escravo"! No entanto, o Evangelho nos apresenta um caminho de saída, para não vivermos no servilismo, e para não cairmos no ateísmo, para chegarmos à liberdade de filhos de Deus e à religião do amor, que é a lei suprema por si mesma. Aí está a difícil conversão de cada um de nós. Ou seja, ora é o fmn que se rebela, ora é o fmv que está preso no servilismo, achando-se o merecedor de toda a herança do Pai e desejando a morte daqueles que não vivem como ele.

Misericórdia é a capacidade de perdão

Essa parábola nos fala muito sobre misericórdia. Afinal, é tão fácil tripudiar em cima de quem pede perdão, do lado mais fraco, que se arrepende e se humilha, mas o Pai é perfeito, pleno, aceita o amor do filho. Não usa do seu poder de Pai para rebaixá-lo e, sim, seu amor paterno para enaltecê-lo pela coragem de voltar.

Então, percebemos que a parábola é a de que o pai acolhe o filho mesmo sem estar arrependido. Agora, sim, entra o protagonista da parábola: O PAI.

Voltando para a casa do pai, o fmn começa um caminho de cura interior, sai da situação deprimente que estava, e parte, com a certeza do amor do Pai, que o curará.

Deus o espera de braços abertos   201

O Evangelho diz que ele ainda estava longe quando o pai o viu. O pai se comoveu e correndo lançou-se sobre o pescoço do filho e não parou de beijá-lo. Toda a parábola é centrada pela figura do pai, que está presente até o fim na vida do filho.

O fmn sente-se indigno, porém, o pai dá ordens para vesti-lo com a melhor túnica, anel, sandálias, manda imolar um vitelo, faz festa porque o filho era morto e vive, se perdeu e foi encontrado. O pai não o reprova, não o condena, porque sabe que durante todo o caminho o filho já se culpou, se penitenciou, se condenou e sofreu por tudo aquilo.

O pai o vê ao longe, e essa expressão mostra a paciência de Deus. O pai se comove, diz o texto grego *esplanchnisthe*, que significa uma força de amor que impulsionou o pai a correr em direção ao seu filho. Essa palavra grega evoca a palavra hebraica *rachamim*, o termo que literalmente traduzido significa "vísceras maternas", mostrando, assim, que o Pai o ama e o acolhe como uma mãe.

A parábola nos coloca diante de um Pai que é mais do que pai, ele é mãe, e não tem medo de perder a sua dignidade paterna, não tem medo de amar, não tem medo de romper os esquemas hierárquicos e sociais, assim o pai mostra a sua autoridade ao filho, amando-o.

Muitos cristãos têm medo de encontrar o Pai, e quantos ainda hoje falam: "Sim, o Pai é apresentado assim, como um Deus misericordioso, mas o encontro com Ele, ao fim de nossa vida, não será assim, pois, se alguém fez muitos erros e pecados durante a vida, no fim, ele deverá dar contas de tudo". Quando escuto isso me sinto desconsolado, pois o encontro com o Pai apresentado por essa parábola é justamente o contrário do que muitos justos teólogos afirmam.

Irmão, não quero ser um herege, mas acredito piamente que Deus, no fim da vida, não manda ninguém embora de

202 *O Plano de Deus*

casa, pois o Pai é este que acolhe o seu filho bom ou menos mal, conforme é descrito na parábola.

No jogo de amor de Deus, o encontro com Ele já é o nosso sofrimento, por vermos quanto nos amou e nós nos distanciamos d'Ele. Acredito que o nosso purgatório será o encontro com o abraço do Pai, pois ali perceberemos quanto não O amamos.

Deus é assim e será sempre assim, Deus não muda de face diante do homem, Deus não usa máscaras, o que muda é a concepção de Deus pregada segundo a imagem de Deus que se crê.

O filho diante do Pai inicia o discurso "pequei contra o céu...", e o Pai não deixa o filho terminar. Chama um de seus servos para servi-Lo, e aqui está a tragédia de Deus...

A casa do pai, a casa de Deus, é cheia de servos e escravos, cheia de gente que não O ama, que vê Nele apenas um patrão. Pessoas que ainda estão presas à lei e não ao evangelho, que esperam a sua morte para fazer aquilo que querem, para serem livres.

Como é duro também para o pai ver que seus filhos pensam como os seus escravos, que acham que Ele é um homem que tira a liberdade, que pune, que escraviza, que julga e condena, e que impede o prazer e a liberdade.

O Evangelho quer acabar com essa falsa imagem de Deus, e por isso o Pai não deixa o filho terminar o seu discurso. O Pai quer que o filho deixe de pensar como um escravo, e torne-se filho. Basta para o pai já a tristeza e a dor de olhar a sua casa e vê-la cheia de pessoas que o odeiam e que veem nele apenas um homem que mandava, basta para o Pai a dor de ser tachado como patrão, o Pai não quer também ser condenado pelos seus filhos, quer sim que os seus filhos descubram nele o grande coração de amor que possui.

Deus o espera de braços abertos 203

O pai dessa parábola olhando para o filho, sujo da viagem, fedido, sem tomar banho, barbudo, magrinho, o vê na verdade nu, como Deus viu Adão após o pecado, e chama os seus servos para lhe dar uma veste nova, que significa a nova identidade, a identidade de filho, amado, recebido, acolhido e esperado, dando a túnica ao jovem, o pai devolve a ele a dignidade de filho.

O pai, então, até interrompe o discurso de desculpas do filho e começa a falar, dizendo aos servos: trazei a veste primeira. Esta era mais longa a veste de festa, a veste do paraíso. No Apocalipse, capítulo 7, todos estão de vestes longas em pé diante do cordeiro, a veste dos batizados, da vida nova.

O pai já havia mandado fazer o anel mesmo antes de o filho chegar porque o esperava, já sabia a medida do dedo do filho, pois o conhecia, amava e nunca o tinha tirado do seu coração.

O pai dá o anel, que significa o seu cartão de crédito com a senha, dá tudo, seu poder e mais do que o jovem perdeu. O anel era o selo com o qual podia fechar os documentos, o pai lhe dá a sua autoridade.

Dá as sandálias aos pés, o que significa que dá a sua liberdade e a sua confiança ao filho, pois o escravo não possuía sandálias. O pai já havia mandado fazer as sandálias para o filho, desejava revesti-lo por completo, da cabeça aos pés, sem deixar qualquer brecha ao inimigo. E, então, começou a fazer a festa com o cordeiro gordo.

O novilho gordo, cevado, é aquele que foi preparado, engordado, confinado para ter a carne mole. Por anos o pai cuidou daquele novilho esperando o filho, e o engordou para imolar e fazer uma festa para esse que estava morto e reviveu.

O filho mais velho, ao ver tudo isso, se revolta. Para ele a vida era formada de 365 preceitos negativos judaicos — "você não deve"— porque o ano tinha 365 dias. Mais 248

204   O Plano de Deus

preceitos judaicos positivos — "você deve" — porque para eles o corpo humano tinha 248 ossos, ou seja, 613 preceitos a serem cumpridos todos os dias do ano e com todo o seu corpo, com toda a sua vida.

O fmv enche-se de ira porque o seu irmão desgraçado, perdido e esbanjador não merecia a festa que estava sendo feita para ele, a qual deveria, sim, ser feita como gratidão ao primeiro, o filho fiel.

Esse justo nega a essência de Deus que é amor. Ele quer ser pago e reconhecido nas suas boas obras, e por isso não quer entrar na festa. Essa é a razão pela qual se diz que os justos não se salvam, porque não querem entrar na festa do paraíso, ou melhor, se acham merecedores dela, embasados na sua justiça, e o pior é que muitos diante da justiça de Deus, que fazem festa para o pecador e o acolhem se acham injustiçados.

O justo pensa assim, devo observar a Santa Missa, devo fazer jejum, devo rezar todos os dias o rosário completo, devo me confessar uma vez por semana, devo isso, devo aquilo, devo e mais devo, contudo, embora todas essas coisas sejam boas e santas, não nos podem salvar se são feitas apenas como obrigação.

Nós não devemos fazer os nossos "deveres" para que Deus não nos puna, mas porque O amamos.

Muitas vezes, vemos Deus como um controlador e carrasco, que nos pune e nos mata se não cumprirmos os seus mandamentos. Meu Deus, confesso que, se eu dependesse da vivência de todos os mandamentos para ir para o céu, eu estaria perdido, porque não sou eu quem compro a minha salvação, apenas a recebo.

O problema do homem que se sente justo é que ele critica o perdão, o amor, a justiça do Pai. Nessa parábola, Jesus contou para mostrar que Deus consegue perdoar lá onde eu

Deus o espera de braços abertos   205

não consigo perdoar, chamando-me apenas para entrar e fazer a festa por esse grande amor d'Ele. O ateu nega esse amor, e o justo o insulta por se sentir escravo, em vez de entender os preceitos como orientações pedagógicas que servem para ensinar a amar.

O fmv não quer entrar na festa não só porque se sentia justo, mas porque tinha mágoa também com o irmão mais novo, que com certeza também o ofendeu antes de partir dizendo: "Seu imbecil, fica mesmo trabalhando que eu vou embora". Além disso, o fmv acompanhou todo o sofrimento de seus pais.

Então volta a figura do pai, o ator central dessa parábola. O pai sai de sua casa e vai ao encontro do fmv para convidá-lo para festa, teologicamente, para entrar no banquete da salvação, que é o amor gratuito do pai, que ama a todos os seus filhos de maneira igual.

O pai, embora alegre com a festa do fmn, tem novamente seu coração ferido ao ver que o outro não estava ao seu lado. Ele sai e encontra tempo para dialogar com o primeiro a fim de entender a razão de tudo aquilo. Ele escuta assim como Deus: sem repreensões.

O pai não cevou o novilho só para o filho mais novo, mas o cevou para ambos, pois a alegria deve ser compartilhada. O fmv não o chama de "pai", ou seja, não o reconhece como pai. Pelo contrário, acusa o pai de tratá-lo como um escravo, que só quis vê-lo trabalhando, fadigando, suando, e não dá nada. Contudo, a verdade é que esta é a visão do fmv sobre si mesmo. Tudo o que fazia era por escravidão, dever, obrigação. Fazia porque esperava a morte do pai para receber sua parte na herança; odiava a volta do irmão porque via ali o momento de ter de dividir novamente a herança.

Irmão, infelizmente somos também esse filho mais velho. Agimos tanto como um quanto como o outro, dependendo

206 O Plano de Deus

do que nos convém. Somos o fmn que foge da casa do pai, depois quando percebemos que não conseguimos mais ter o pagamento voltamos para a casa do pai. Tornamo-nos servis como o fmv e enjoamos de sê-lo, pois pesa e custa viver no peso da obrigação e missão não assumida com o coração, mas por obrigação a Deus, e voltamos a ser o fmn novamente. Entramos num ciclo sem fim de fugir e sentirmo-nos injustiçados.

Portanto, esses dois personagens na verdade são um só, chamado "EU", que quando erro e peco visto a cara do menor e, quando quero fazer o bom mocinho, faço pior ainda, e então me torno o filho mais velho. Contudo, devemos aprender que, embora filhos mais velhos ou mais novos, confessados ou não para cumprir o preceito, somos amados e isso é o suficiente.

Diante do fmv e de sua reclamação, o pai diz: Filho, em grego *tecnon*, para dizer "Eu o gerei!", ou seja, "embora não se sinta como meu filho, eu o gerei, sou seu pai e o amo. Não tiro nada de você, pois fui eu quem lhe deu tudo".

O que muitas vezes nos custa entender, assim com o foi para o filho mais velho, é que tudo que é do Pai é também nosso. Essa parábola é para nos ensinar que Deus faz festa e nos convida a nos juntarmos a Ele na mesa do banquete, pois é na festa do amor que eu aceito o irmão mais novo e, aceitando o pecador, pecador eu entro na festa que também é para mim. A parábola não está terminada, continua na nossa vida e dentro de nós. Não sabemos como terminou de fato, se o filho mais velho se converteu ou não.

Conhecendo o Filho maior, como sacerdote, acredito que ele entrou porque era obediente ao Pai, mas ainda carregava seu coração duro. Digo isso porque o seu estilo é este. É claro que não fez muita festa, comeu alguns doces, e logo em seguida começou a falar do seu trabalho do dia seguinte, e não

Deus o espera de braços abertos **207**

fez uma festa como o filho menor, que comeu e bebeu, e depois, no dia seguinte, talvez não queria trabalhar muito...

Fica claro que ambos não podem salvar-se pelas próprias forças, ambos têm de experimentar a passagem do amor gratuito do pai e entrar em comunhão com Ele. E o caminho da comunhão passa pela conversão, é olhar o comportamento do pai da parábola com os olhos misericordiosos de Deus.

Deus nos olha sempre com os olhos de um coração que dá tudo gratuitamente e perdoa tudo e a todos sem excluir ninguém. Deus não nos ama por causa de nossos eventuais méritos. Ele nos ama porque é infinitamente bom.

A história desses dois filhos é a minha e a sua, e nela está um chamado de Deus, que diz são Paulo: "Reconciliai--vos com Deus". É o chamado para não estarmos apenas na casa do pai, mas para retornarmos a Ele com o coração para experimentar a vida nova que Ele coloca à nossa disposição.

Deus mandou o seu filho para nos salvar, para abrir o céu para nós, e Ele nos espera para a festa, para o banquete. Deus não lhe pede para pagar o ingresso, nem nada disso. Jesus morreu por cada filho pródigo, por cada um que abandona a casa do pai, para que possamos reviver pelo amor.

Tudo o que você experimentou até agora ao ler cada página deste livro foi para que percebesse que a cura interior é possível. Basta que você entenda que Deus o espera sempre de braços abertos. E tudo que é d'Ele é seu também!

R E F L E X Ã O

Em clima de festa e acolhida, agradecendo a Deus por tudo o que Ele lhe mostrou até aqui, abra seu coração e reze:

Pai, com Seu amor de perdão, com Seu perdoar repleto de amor, vem ao meu encontro neste momento que tanto preciso

208 O Plano de Deus

de Ti. Sou pecador, mas estou aqui. Não nego meus pecados, mas peço que com Sua misericórdia infinita enxergue o meu coração e perceba que o meu pecado é fruto da minha fraqueza.

Minha conduta e meu pecado fizeram-me ter vergonha de rezar, de falar com o Senhor, de pedir e agradecer, mas agora volto, mesmo com o peso do pecado, quero me aproximar.

Se não for agora, quando farei? Tem de ser na hora da dor, quando estou por baixo, no chão, que então estou pronto para a libertação. Precisei chegar a este ponto para que pudesse senti-Lo, pois sou fraco e não soube usar os dons de amor que o Senhor me deu. Usei mal a liberdade.

Gastei minhas riquezas espirituais, ignorei meus valores, me despi do temor ao Senhor e caí. Sem perder o amor, sem endurecer, sem entristecer e sem fazer os que eu amo sofrerem, ajude-me a levantar e levantar quem estiver caído comigo, ao meu lado, usando o meu exemplo para ser inspiração e demonstrar que não é tão difícil assim voltar ao Pai, que é mais fácil do que viver longe Dele.

Senhor, meu Pai, vou agora mergulhar na Sua infinita misericórdia e me lançar no Seu amor, com a certeza de que, mesmo pecador, o Senhor vai me receber e me ouvir. E, ao reconhecer meu arrependimento, me perdoar e fazer festa. Festa de amor. Amor de Pai. Ouve, Senhor, o meu pedido. E me dê forças para não mais pecar.

Amém!

Há grande alegria no céu hoje por sua causa. Por você ter dito SIM a Deus nesta jornada de íntima experiência com Deus. Jamais se esqueça de que Deus traz um amor infinito capaz de curar e sarar todas as nossas feridas. A festa significa vida nova. E seus passos neste livro representam o seu renascer para Cristo.

Capítulo 15

Viva a ressurreição

O filósofo ateu Friedrich Nietzsche dizia: "Não é verdade que Cristo ressuscitou, ou os cristãos teriam outra face"! Será que a nossa face é a face de um cristão ressuscitado? É uma face alegre, feliz, de pessoas realizadas no Senhor?

Com essa afirmação, concluímos uma verdade, a experiência de ressurreição é a transfiguração da nossa face, diria não só da nossa face, mas também do modo que vemos as coisas.

Se Jesus ressuscitou, se é verdade que nós somos e fazemos parte do Seu corpo, no qual Ele é a cabeça, então devemos ver a vida de um modo diferente porque a cabeça já está na luz, e nós devemos, então, caminhar na certeza, pois estamos seguros de que o que aconteceu a Ele, também acontecerá a nós: a vitória da vida sobre a morte.

Devemos, então, ressuscitar, buscar uma nova alegria de viver, mas como ressuscitar se ainda estamos vivos? Como viver a vida nova de ressuscitados, se a ressurreição para nós é algo tão distante e tão teológico?

O homem tem o grande desejo da ressurreição, o grande desejo de Deus, pois será o momento em que nosso corpo assumirá em plenitude a qualidade de filho de Deus. Em outras palavras, o corpo ressuscita a uma nova condição de

210   O Plano de Deus

vida. Na ressurreição, o nosso corpo assume as qualidades do Espírito Santo, de Deus mesmo que é amor, alegria, liberdade, plenitude, paz, benevolência. Não é mais a vida que tínhamos antes, de medo, limites, mas uma vida nova, com crescimento ilimitado e contínuo como filhos de Deus, para estarmos sempre com Ele, que me ama e dá a vida para mim. A ressurreição é uma relação pessoal com o Senhor, e isso é a vida, não é como a morte, separação, mas a plena comunicação com Jesus.

Os saduceus (Marcos 12, 24) não acreditavam na ressurreição e Jesus lhes disse: "Se não crerdes na ressurreição, estais no erro, porque não conhecereis a potência de Deus". Nós conhecemos a ressurreição por meio da promessa de Deus, pois, se olhamos a realidade, parece que tudo termina, mas, se olhamos em Deus, percebemos outra dimensão. Percebemos que nem a morte é divisão para aquele que entregou a sua vida a Deus, mas é o meio eficaz de união e vida com Ele, a morte então passa a ser instrumento de encontro para a vida plena. Embora nesta vida possamos viver já aqui a ressurreição. No entanto, como experimentamos essa promessa? Na potência de Deus, na relação com ele.

Bom, então vamos ao cerne da questão, a ressurreição é o centro da nossa fé. São Paulo diz: "Se Cristo não ressuscitou, vã é a vossa palavra e vazia é a vossa fé!" (I Coríntios 15, 14). E na Carta aos Filipenses (3, 10), são Paulo apresenta a ressurreição como princípio e fim da vida cristã e diz: "Para que eu possa conhecer a potência da sua ressurreição, considerei tudo como esterco".

Assim essa potência, que em grego é a palavra *dinames*, faz com que Paulo visse a ressurreição como princípio e fim da vida cristã. Pela força dessa potência, Paulo enfrenta todas as dificuldades, todas as perseguições, com a esperança de vencer também a morte porque Cristo ressuscitou.

Com isso quero dizer que cada um de nós, neste dia, é chamado a fazer a experiência da *"dinames* cristã", do poder da ressurreição, pois é essa experiência que nos dá forças para fazermos o mesmo caminho de Cristo rumo à cruz, para depois com Ele ressuscitarmos.

A ressurreição na linguagem paulina é o princípio e o fim da vida cristã, é o que impulsiona o nosso coração a viver na sequela do Senhor, com os olhos na vida eterna.

Aos olhos humanos a ressurreição, que em grego é *Anastasys*, não é algo fácil de entender, na verdade, só é possível compreendê-la pela fé. Aos olhos humanos é até ilógica. Para nós é difícil compreender a ressurreição, pois falamos de uma realidade que conhecemos apenas pela fé, pelo ensino da Igreja, por meio da pregação e da experiência dos apóstolos do Novo Testamento − e até mesmo eles não compreendiam plenamente.

Gosto muito da definição dos apóstolos, que a certo momento definiram o seu apostolado e missão (e entenderam o seu carisma), para serem "testemunhas da ressurreição!", como lemos em Atos (1, 22).

Para eles, também, no início foi algo difícil, diria até incrível de crer, e, por isso, quando Jesus aparecia, eles não acreditavam, até que entenderam o seu chamado missionário de testemunhar a ressurreição na vida de cada um deles, em seu dia a dia, vivendo a vida de ressuscitados.

São Paulo (Gálatas 2, 20) diz: "Já não sou eu que vivo, é Cristo que vive em mim", pois fez a experiência do Cristo ressuscitado que o amou e se entregou por Ele.

No que consiste a ressurreição, no entanto?

Os teólogos afirmam que a ressurreição é corpórea, como é a morte. O sepulcro está vazio, e por isso Jesus ressuscitou. Contudo, não é uma animação de cadáver como aconteceu com Lázaro. Teologicamente, a ressurreição é a passagem

212   O Plano de Deus

para a "condição definitiva de filho de Deus", mas o que é a ressurreição no sentido mais estrito? Para Paulo, a ressurreição é "Estar para sempre com Ele" (I Tessalonicenses 4, 17), estar em companhia em relação, em comunhão definitiva com o Pai. É o contrário da morte que é ruptura, isso porque a nossa vida está escondida em Cristo (Colossences 3, 3) e aparecerá em sua plenitude quando estivermos totalmente imersos n'Ele.

Irmão, diante disso, por que temer? É lógico que, como Paulo, nós não alcançamos a meta ainda, mas estamos lutando pela salvação. Somos chamados a fazer a experiência da ressurreição de Cristo para que transfigurados sejamos o sorriso de Deus a todos que encontrarmos. Com coração esperançoso sabendo que tudo está nas mãos de Deus.

E essa experiência de ressurreição hoje é possível para nós, se abrirmos nosso coração, e dermos a nossa adesão à palavra hoje anunciada, palavra esta de Deus, o verbo feito carne, a *"dinames* de Deus", o Seu poder.

Eu lhe pergunto, irmão, qual é a esperança do seu coração?

Quando celebramos o tríduo Pascal, vemos, na quinta-feira santa, o lava-pés — em que o Senhor nos ensina a servir —, a agonia de Jesus, sua entrega e morte na sexta-feira santa — em que o Senhor nos ensina a morrermos para nós mesmos. No sábado, vivemos o grande silêncio — o silêncio de Deus também em nossa vida —, e a descida de Jesus aos inferis, e nesse momento podemos contemplar a morte que mata a morte, ou permanecer na morte vendo apenas o sepulcro vazio.

Os relatos evangélicos diferem um pouco em contar-nos a ressurreição. Embora na paixão todos os evangelhos sejam iguais, na ressurreição eles são diferentes, não conseguimos

Viva a ressurreição **213**

nem conciliar muito os relatos, porque cada evangelista escreveu a experiência que fez de Jesus ressuscitado. Contudo, há algumas constantes. A primeira é que o sepulcro está vazio, a segunda é que o encontraram porque permaneceu com eles por quarenta dias – e os que O encontraram iniciaram a testemunhar a ressurreição.

Os evangelhos, então, se preocupam em mostrar: Como também eu o posso encontrá-Lo na minha vida se Ele está vivo?

Os evangelistas querem nos mostrar que é possível fazer a experiência de Jesus. Para Marcos, essa experiência é feita com cada pessoa, por meio de sua palavra, do testemunho passado, cada palavra do evangelho possui uma potência em si mesma comunicando-nos aquilo que anuncia. Para Mateus, o encontro com o ressuscitado é a vida nova que a comunidade assume; já para Lucas, o encontro com o ressuscitado é experimentar esse amor misericordioso e se abrir para todo o mundo anunciando-o; e, para João, viver de forma ressuscitada é vê-lo no interior, é viver no batismo, na eucaristia.

Assim, podemos concluir que a ressurreição também é a resposta para nossos medos, os quais não são maiores que nós, são apenas pedras em nosso caminho a ser enfrentadas.

O padre Henri Nouwen (nascido em 24 de janeiro de 1932 e falecido em 21 de setembro de 1996, lecionou durante muitos anos em Harvard, e depois dedicou o fim de sua vida à comunidade Arca, vivendo e cuidando dos deficientes mentais) foi um homem muito humano, que viveu sem medo de mostrar a sua fragilidade, não vestiu uma máscara daquilo que sofria e era um homem transparente. Ele nos conta a sua experiência e seus medos em dois de seus livros:

Hoje, ó Senhor, sinto um enorme medo, todo o meu ser parece estar tomado pelo medo, não tenho paz, não tenho descan-

214 O Plano de Deus

so, apenas um medo visível, medo de um colapso mental, medo de levar uma vida errada, medo de rejeição, e medo de Ti. Ó Senhor porque é tão difícil superar o medo? Porque é tão difícil permitir que o Teu amor expulse o medo? Foi só quando trabalhei com as minhas mãos por um tempo que a intensidade do medo pareceu diminuir.[1]

Em seu livro *Meditações* (p. 26), Nouwen diz:

Sinto-me tão impotente para vencer o medo! Talvez seja este o caminho usado por Ti para fazer-me solidário com as pessoas que sentem medo em todas as partes do mundo — aqueles que têm fome e frio no rigoroso inverno, aqueles que são ameaçados por guerrilhas inesperadas, e aqueles que estão ocultos em prisões, instituições psiquiátricas, e hospitais. Ó Senhor, este mundo está cheio de medo! Converte o meu medo em uma oração pelos que sentem medo. Permite que essa oração alcance o coração de outros. Talvez, então, minhas trevas possam converter-se em luz para muitos; e minha dor interior em uma fonte de cura. Converte o meu medo, ó Senhor, para que ele me conduza não para as trevas, mas para a luz.

Todos esses sentimentos negativos interiores trazem uma grande frustração e depressão. Eles nos bloqueiam, nos tiram a coragem até para recomeçar um novo caminho, como se tudo estivesse perdido, mas a última palavra é a de Deus em nossa vida, embora muitas vezes estejamos presos e fechados em nós mesmos e para o mundo, mas o Senhor, da mesma forma que veio para os seus discípulos amedrontados, hoje vem para lhe dizer: A paz esteja com você!

---

[1] NOUWEN, Henry. *A voz íntima do amor*. São Paulo: Paulinas, 2004. p. 34.

Viva a ressurreição 215

No livro de João (20, 1-9), ele narra a própria experiência de ressurreição. João sabia que era a última testemunha ocular da ressurreição, pois, quando escreve seu relato, todos os outros apóstolos já estavam mortos. Ele era o mais novo dos apóstolos, e este é um dado importante, porque elabora e narra os fatos da ressurreição com a fé de quem viveu tudo de perto, para que aqueles que não viram possam crer na sua palavra, e o mais interessante do relato de João é que lemos que ele viu o sepulcro vazio e acreditou.

Ele podia ter olhado tudo com olhar negativo, interpretar o sepulcro vazio como roubo do corpo, mas interpretou como um sinal da ressurreição. João não duvidou do poder da palavra de Jesus, de Suas promessas, viu em todos os sinais a vida, a resposta para a sua vida.

João diz: No primeiro dia da semana, o domingo, o dia da promessa, a luz entra nas trevas, da mesma forma que, no primeiro dia da criação, a luz criada por Deus dissipa as trevas, e a ordena. Agora com a ressurreição, Deus entra dando a vida nova ao homem, criando o novo dia da salvação, dando-lhe uma nova esperança no coração, pois o maior mal, a morte injusta e cruel do filho de Deus, foi superada.

Maria Madalena, que estava aos pés da cruz, nós a encontramos no jardim na aurora do novo dia da criação, embora a terra estivesse ainda nas trevas, ela vê algo, vê os panos de linho, a pedra removida, mas não O encontra, está ainda nas trevas, embora quisesse ver a luz.

Maria esperava a primeira luz do dia para encontrar o corpo de Jesus, ela estava ali porque O amava, porque tinha no seu coração o desejo profundo de ir ao encontro do seu Senhor, tinha não só a dor no coração, mas a gratidão de ter vivido com Ele. Para Maria, o sepulcro vazio era sinal de morte, e isso também nos diz muito, pois quantas coisas em nossa vida, quantos sinais de cumprimento da promessa de

216 O Plano de Deus

Deus, no momento da dor, da tristeza, da frustração, para nós são interpretados como sinais de morte!

Ela, então, corre para avisar os discípulos. João chega primeiro por ser o mais jovem, logo, corria mais rápido que Pedro, que era mais velho. No entanto, vemos que o verdadeiro primado é o do amor, e, porque ama, espera Pedro, que era o primeiro entre os irmãos, e não entrou sozinho, isso para dizer que o maior amor é esperar o outro, esperar para caminhar junto.

Pedro, ao chegar constata que o corpo não estava lá, constata que o sepulcro estava vazio, mas não consegue dar um passo de fé, não sente que todas as promessas feitas por Jesus antes de sua morte caíram em seu coração, não consegue, porque ainda está preso à dor da crucifixão, preso ao medo, preso a todos os fatos tristes que tinha acompanhado aqueles dias, estava com o seus sonhos e esperanças derrotados.

Ambos veem os panos de linho antes enrolados no corpo, agora caídos no chão, e isso era a prova de que o corpo não podia ser roubado, pois estavam ali. No entanto, a descrença foi maior, é triste notar que muitas vezes fala em nós mais o olhar negativo sobre as coisas e pessoas do que o olhar positivo.

Contudo, João, vendo as mesmas coisas que Pedro, constata a ressurreição porque amava Jesus.

Irmão, perceba que belo: o amor tem a capacidade de dar-nos o olhar de Deus, de dar-nos a capacidade de olhar as realidades que estão ao nosso redor com os olhos de Deus. João reconheceu a ressurreição porque amava, um exemplo disso é: "Se amamos uma pessoa, nós a entendemos, e se ela faz algo que para outros é um erro, ou ruim, nós a enxergamos em outra ótica, com outro olhar" (de uma mãe que tem um filho assassino).

Viva a ressurreição **217**

Podemos perceber que João, após ver o sepulcro vazio, creu sem ter visto, e essa é a experiência que também nós devemos ter. João não viu a ressurreição, mas a viu pelos sinais deixados.

O sepulcro vazio contemplado pelas mulheres é sinal da vida que vence a morte, do bem que vence o mal, e um dado bíblico muito bonito é que esse mesmo trecho é narrado por João, e, para ele, o sepulcro deve ser entendido como o quarto nupcial no qual a mãe terra acolhe o esposo, e nesse seio que acolhe o verbo de Deus, nota-se o silêncio da dor, a aparente vitória do mal. Nesse mistério silencioso noturno surge a ressurreição, fato que ninguém presenciou, mas que marcou a história de toda a humanidade, que agora se torna nova humanidade gerada, com uma nova esperança: a ressurreição.

O sepulcro está vazio ainda hoje, e esse é o sentido de muitos irem a Jerusalém em peregrinação, e lá dizer em comunhão com toda a cristandade: "Ele não está aqui"! Devemos, então, entrar no sepulcro vazio para viver uma vida livre, ressuscitada, libertos pela luz de Cristo.

O encontro com o ressuscitado não é algo difícil, basta ver a vida com outros olhos, com positividade, amor, reconhecendo seus dons. Se você se encontra com uma tocha de fogo, você queima, se você se encontra em um rio de água, você se molha, se você se encontra com Cristo, você deve também ressuscitar para uma nova vida, porque você recebe o dom do Espírito.

João reconheceu a ressurreição porque o amava, e quem ama O encontra sempre, e basta pouco para interpretar os sinais que ele nos dá. A fé é, então, ver, é olhar com amor e por consequência entender.

E o que é caminhar na esperança da ressurreição?

218   O Plano de Deus

Diz o padre Henry, em seu livro *Transforma meu pranto em dança*:

A esperança não depende dos altos e baixos da nossa vida diária. Antes, ela tem a ver com Deus. Temos esperança e gozo em nossa fé, porque cremos que, embora o mundo em que vivemos permaneça envolto em trevas, Deus triunfou neste mundo. Ter esperança não quer dizer evitar ou ser capaz de ignorar o sofrimento. Na verdade, a esperança nascida da fé amadurece e purifica-se por meio das dificuldades. A surpresa que experimentamos na esperança não é aquela em que inesperadamente as coisas terminam sendo melhores do que esperávamos. Porque, mesmo quando nada muda, podemos continuar nutrindo uma viva esperança. O fundamento de nossa esperança é aquele que é mais forte do que a vida e dos nossos sofrimentos. A fé nos faz chegar a presença sustentadora e curativa de Deus. Uma pessoa em dificuldade pode confiar, baseada na crença de que algo mais é possível. Confiar é levar em conta a esperança.[2]

Irmão, não quero fazer tanta reflexão teológica sobre a esperança da ressurreição porque não sou capaz disso, mas quero apenas terminar esta reflexão do evangelho de João dizendo que, se desejamos viver a vida de ressuscitados, o caminho é apenas um: amar a Deus para amar os irmãos. Segundo João, a vida nova é amar os irmãos, pois quem ama vive já a vida da ressurreição.

---

[2] NOUWEN, Henry. *Transforma meu pranto em dança*. São Paulo: Thomas Nelson Brasil, 2007. p. 51.

Viva a ressurreição **219**

REFLEXÃO

Termino este capítulo com minha tradução do italiano para o português das lindas palavras do papa Montini, ainda quando era cardeal, pronunciadas em 26 de junho de 1955 e 26 de setembro de 1958 aos sacerdotes, mas elas servem de meta para cada cristão:

O nosso povo quer um padre, que seja padre, exemplo de dedicação e sacrifício, de desinteresse e coragem, um exemplo de generosidade, um homem livre e sem medos, sendo para todos um pai e um servo para cada necessitado, de modo que não seja preso em suas ações, em seus pensamentos, mas perseverante no seu caráter sacro.

Mas lembremos que não é por causa disso, de nossa bondade, que encontraremos favores e acolhida, e, por isso, recordo-lhes neste momento de grandeza espiritual: *"Ecce Ego mitto vos, sicut oves in médio luporum"* (Mateus 10, 16).

Sim, irmãos, a Igreja, nosso Senhor, os envia fracos em meio aos fortes, desarmados entre os armados, os envia como arautos do amor em um campo de ódio e morte, os envia como profetas do espírito em um mundo de matéria, os envia como anunciadores do futuro prometido com a riqueza de uma tradição em um mundo sem esperança, sem um ontem e sem um amanhã, um mundo baseado na conquista do sucesso presente.

A Igreja não lhes garante a tranquilidade ou imunidade, mas lhes diz com Cristo: *"Nolite Temere"*! Não tenhas Medo! Hoje, a Igreja tem necessidade de uma fidelidade maior, pois o perigo na luta que ela enfrenta exige um amor maior a ela e a Cristo, um amor sem medos, um amor maior, porque muitos filhos não a amam mais.

220 O Plano de Deus

"*Nolite Temere!*" Não tenhas Medo! A vida com Cristo é grandiosa, maravilhosa, mas ao mesmo tempo é um risco, não é feita para os oportunistas, mas é feita de amor e sacrifício, de risco e confiança.

Devemos saber que estamos em uma trincheira, na qual nós devemos estar bem armados, pois se não estamos armados, e não somos capazes de combater, estamos já derrotados. Pode ser que na dura luta não resistiremos, mas o Senhor está conosco e não temos o que temer.

Posso até dizer que a providência, quer que nós, a sua Igreja, sejamos militantes, e ainda mais, nós que fizemos um juramento a Cristo, um voto, uma promessa no altar, nos oferecemos como sacrifício. E neste mundo moderno, devemos testemunhar o evangelho, devemos sofrer as suas consequências sem medo.

O Senhor não quer aplainar as estradas, não quer tornar fácil o nosso caminho, o nosso ministério, não quer tornar a sua Igreja triunfante, mas nos quer sofredores, lutadores, que deem o testemunho com perseverança, com fadiga, suor, e se a Ele agradar, também testemunhar com o sangue, sangrando de fidelidade e amor a Cristo.

Ousemos irmãos, "*Nolite Temere*"! Essa expressão retorna sempre no evangelho, Não tenhas Medo! Mostremos ao Senhor que O queremos bem. Sejamos dispostos a superar os medos, a ignorar também os insucessos, sejamos dispostos a sacrificar-nos, e a fazer as coisas para o Senhor, para a Igreja, para os irmãos de modo sério, pois se tivermos essa psicologia de querer enfrentar e afrontar os problemas, o mundo, e aquilo que a providência nos colocar adiante no caminho, enfrentando com o Senhor, já somos mais que vencedores! Ousemos!

Por fim, eu não tenho mais o que dizer e a oferecer-lhes, além destas palavras: "*Nolite Temere*"! Não tenhas Medo!

Viva a ressurreição **221**

Recordo-lhes que Jesus é nosso guia, o mestre, Ele é o Senhor vivo na sua alma, é a sua coragem, e deseja dar-lhes uma grande recompensa, e promete: "*Gaudete autem, quod nomina vestra scripta Sun in caelis*" (Lucas 10, 20).

"Os seus nomes estarão escritos no céu!"

Capítulo 16

Os planos de Deus

Ao longo deste livro, pudemos não só aprender o caminho para a cura diária do nosso coração como, sobretudo, o caminho para sentirmos a presença de Deus constantemente.

Nosso grande problema como discípulos é não termos o olhar de Deus em nossa vida, é termos o coração fechado ao grande plano Dele para nós. Ora, fechamo-nos porque não damos espaço a Deus em nosso cotidiano, não partilhamos com Ele a nossa vida, os nossos projetos, e não buscamos olhar para nós mesmos com o Seu olhar — em vez disso, encaramos a vida com um olhar negativo, carregado de sentimentos de fracasso e de angústias, e assim impedimos que o "novo" de Deus se faça em nós.

A dor faz parte da vida. Ela não deve ser limitante, mas algo que nos incentive a buscar o mais de Deus, que transpassa toda e qualquer situação. Sem Ele a vida é exaustiva, passa rápido e deixa a sensação de não termos feito nada. É a força de Seu amor que nos ajuda a superar as nossas dificuldades e nos cura.

Quando estamos imersos no projeto do Senhor, mergulhados naquilo que desde sempre, desde toda a eternidade, Ele pensou para nós, entramos no caminho da realização, da

Os planos de Deus   223

cura e da aceitação da vida, vendo nela o rastro de Deus, de Seu desígnio de amor. E tudo isso nos faz dar passos concretos, o caminho se abre, e passamos então a superar as marcas negativas do passado para vê-lo como algo que fez parte de nós e que agora carrega um novo significado. Sob esse novo viés, o passado nos ensina algo e não nos machuca mais.

O Caminho que buscamos fazer com este livro foi justamente este, de entrarmos no grande projeto do amor de Deus, reconciliando-nos com Ele, abrindo-nos à Sua voz, à Sua palavra que é a resposta para a vida, um chamado para a felicidade e a alegria do coração.

Esta graça, esta bênção da cura do coração, pudemos perceber que não está longe, mas, sim, ao nosso alcance: é uma escolha nossa, um passo a ser dado, um querer estar com Deus, vivendo como filho e vendo-O como um Pai de amor que está sempre com os braços abertos para nos acolher em sua misericórdia.

Neste caminho de cura, de entrada no plano de Deus, não podemos nos esquecer de levantar, ressuscitando para uma nova vida.

Os sete passos para a cura do coração e para a intimidade com Deus nos foi dado neste livro. Espero que tudo isso o ajude a compreender melhor a grande obra do Senhor em sua vida, para que você possa ser instrumento de cura para cada coração que também encontrar, pois Ele quer curar sempre e quer a felicidade de seus filhos.

Desejo-lhe muita felicidade, muita paz, muito amor no seu caminho! Que o Senhor possa conduzi-lo cada vez mais ao Seu coração de amor pelas mãos de sua Mãe e nossa Mãe, Nossa Senhora Aparecida.

Deus o abençoe!!!

Pe. Fernando Tadeu Barduzzi Tavares

Este livro foi impresso pela Assahí Gráfica
em papel norbrite plus 66,6 g.